住まいの基本を考える
堀部安嗣
新潮社

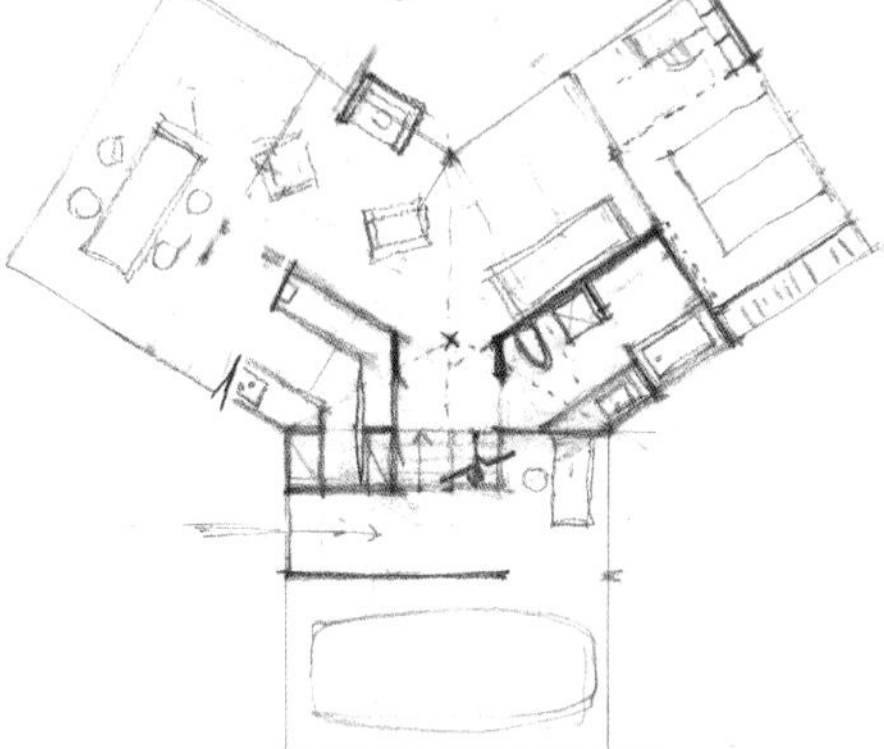

はじめに

戦後、私たちの生活や環境は大きく変わり、価値観も多様化しました。

しかし変化している中にあっても、食や衣の〝基本のかたち〟や〝基本のありよう〟は、誰もがおおよそイメージできるのではないでしょうか。

気候風土に根ざしたもの、個人の趣味嗜好を超えた価値を示すもの。

先人の経験知が蓄積され、風雪に耐えてきたもの。

身体に負担がかからないと、安全性が認められたもの。

食であれば栄養バランスやコストパフォーマンスに優れ、かつ土地とつながった素朴な食事を、そして衣であれば着心地がよく長持ちする服を基本のかたちとして経験的にイメージできるでしょう。

あるいは時と場所と状況にふさわしい食事や服を選んでゆく行為自体を基本のありようとしてイメージすることもできるように思います。リラックスしたいとき、礼儀を要するとき、お祝いのとき、寒いとき暑いとき、運動をするとき、病気のとき、歳をとったときなど、それぞれにふさわしい食事や服を私たちは的確に選択してゆくことができるでしょう。

このように食や衣において基本のイメージを抱くことが容易なのは、食は身体の中にとりこみ、衣は直接身体に触れるため、五感を使った経験が豊富だからだと思います。また、食や衣は心身の健康に直接つながっており、ゆえに伝統、風習、良識といった先人の経験知など、安

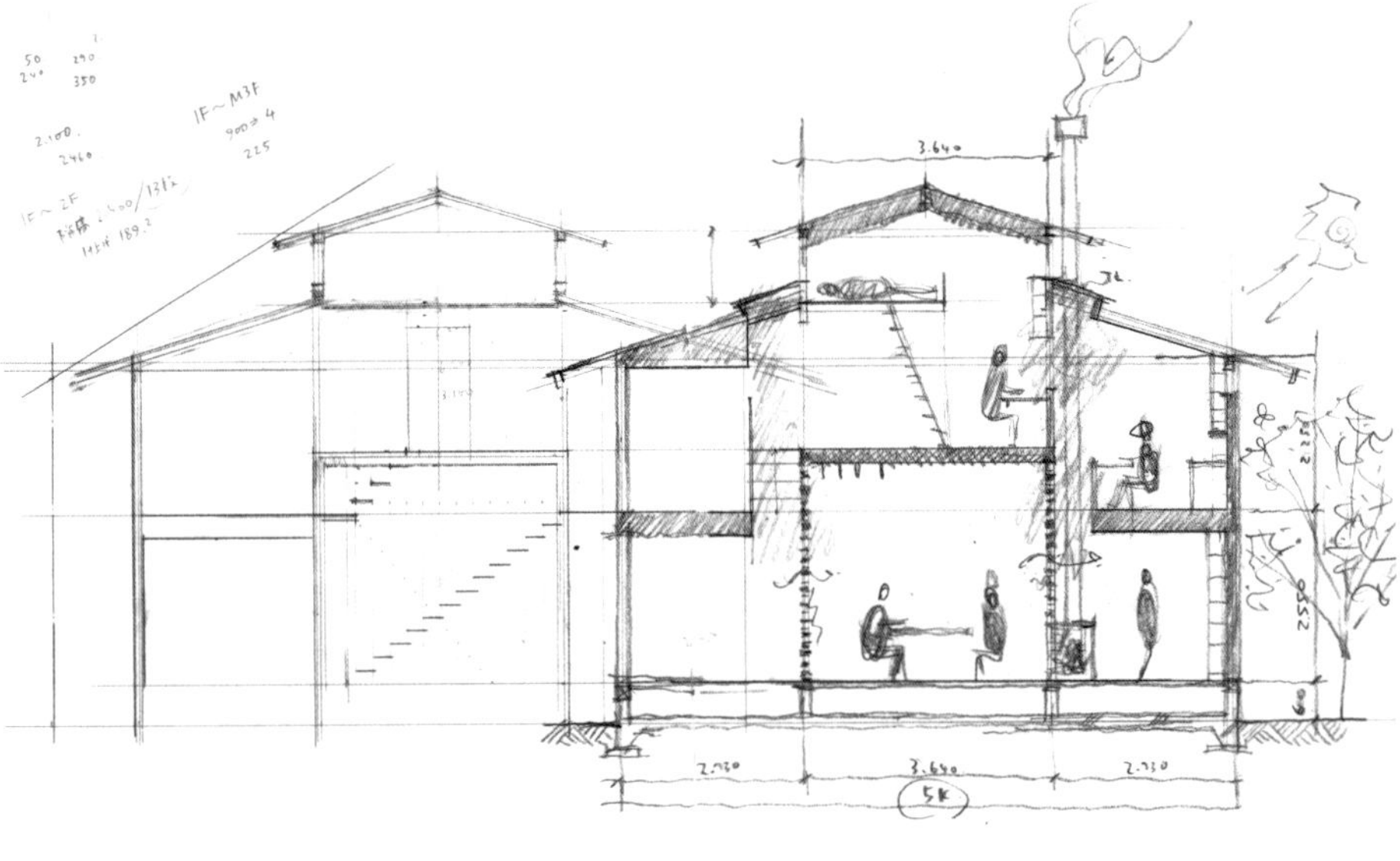
50
240
290
350
2.100
2460
1F～M3F
900⇒4
225
1F～2F
3.640
2.730
3.640
2.730
5K

定感と信頼感のあるものを拠り所にすることが自然に身についているからではないでしょうか。

一方、現在の〝住〟の基本の姿をイメージすることは難しいように思います。いま、私たちが目にする建築はさまざまな形やスタイルでつくられています。

はたしてそれらは本当に時と場所と状況にふさわしい立ち姿をしているのでしょうか。

時と場所と状況にふさわしくない服を着ていると、人から〝変だ〟と言われてしまいます。意思があって人と違う格好をしていれば別ですが、多くの場合、〝変だ〟と言われることは本人にとっても見る人にとっても快適な状態ではありません。恥ずかしいことと捉えられ、そして恥ずかしい思いをします。服は人から変だと言われれば容易に着替えることができます。しかし建築は簡単に着替えることはできません。変な姿でその場所に何年もずっと立ち続けなくてはなりません。

さて、もし私たちが日常的に目にする建築のほとんどが変な姿をしていて、しかもそんな姿の建築だけで日常の風景がつくられていたらどうなるのでしょう。私たちはそれらが変であることに気づくことすらできなくなってしまうのではないでしょうか。基本の概念さえ失ってしまいます。それほど人は視覚的な情報に決定的に左右され、翻弄されます。すると長い年月を生き残ってきたものより、現在多く目にする住宅の形質が普通であると錯覚してしまいます。

また、住宅は長年そこで暮らしてみないとその真価を問えません。住に関しては時間の経過をともなった〝体感〟の経験知が視覚に対して圧倒的に不足しています。そこが食と衣とは決定的に違う点なのではないかと思います。

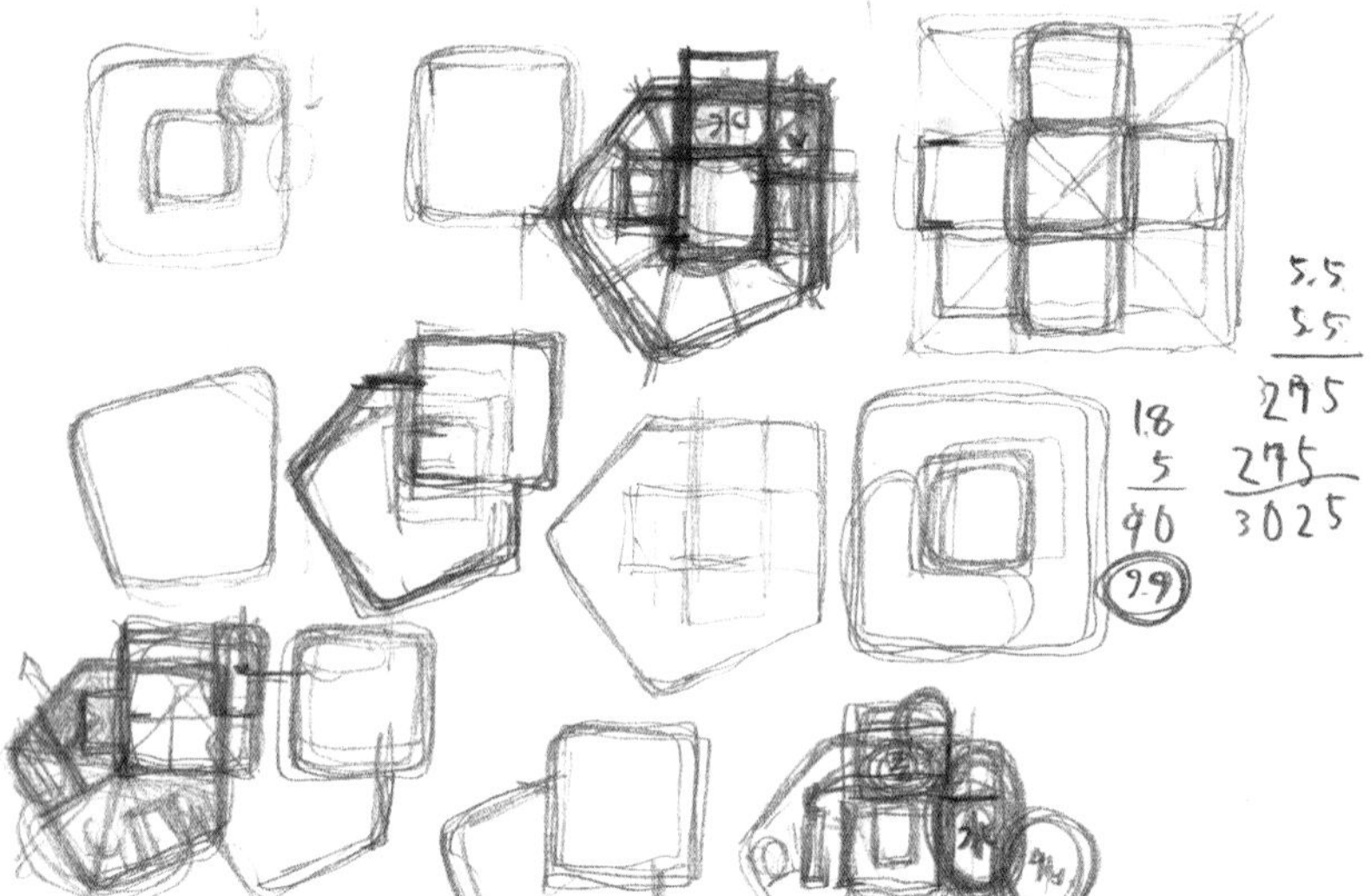
5.5
5.5
275
275
3025
18
5
90
9.9

時代が移り変わり、価値観が多様化しているいま、そんな住まいの基本を考えることは無意味なのでしょうか。

言うまでもなく、住まいは食や衣と同じく、人の心身に大きく作用するとても重要なものです。また風土や環境や地域の文化と密接につながっていなければならないものだと思います。住まいの基本を見つめることは、身体や環境に負担がかからず、長年の風雪に耐えてなおも生き残ってきたものの価値を見出し、評価することにつながります。また住まいは住む人の人生に決定的な影響を与えるものなので、嘘や誤魔化しがあってはいけないこともわかります。過去から未来につながる時間の中で、現実を丁寧に調整したり修復したりして、徐々に住まいのあり方を変えてゆく必要性も見えてきます。

そこには革新的な表現やアイディアはないかもしれません。ファンタジーやフィクションもありません。しかし、だからこそ時と場所と状況をしっかり見きわめた〝住まいの基本〟を粘り強く考え続けることに、私は大きな充実感を得られるようになってきたのです。

この本に示した私の考えや作品は、あくまでも近年の私自身の試行錯誤の結果であり、一般解、標準解を目的にしたものではありません。一人一人が住まいという樹木の太い根幹を考え、それぞれの地域、環境、暮らしの中に豊かで多様な枝葉が茂ってゆく一つのきっかけになる本になればと願っています。

目次

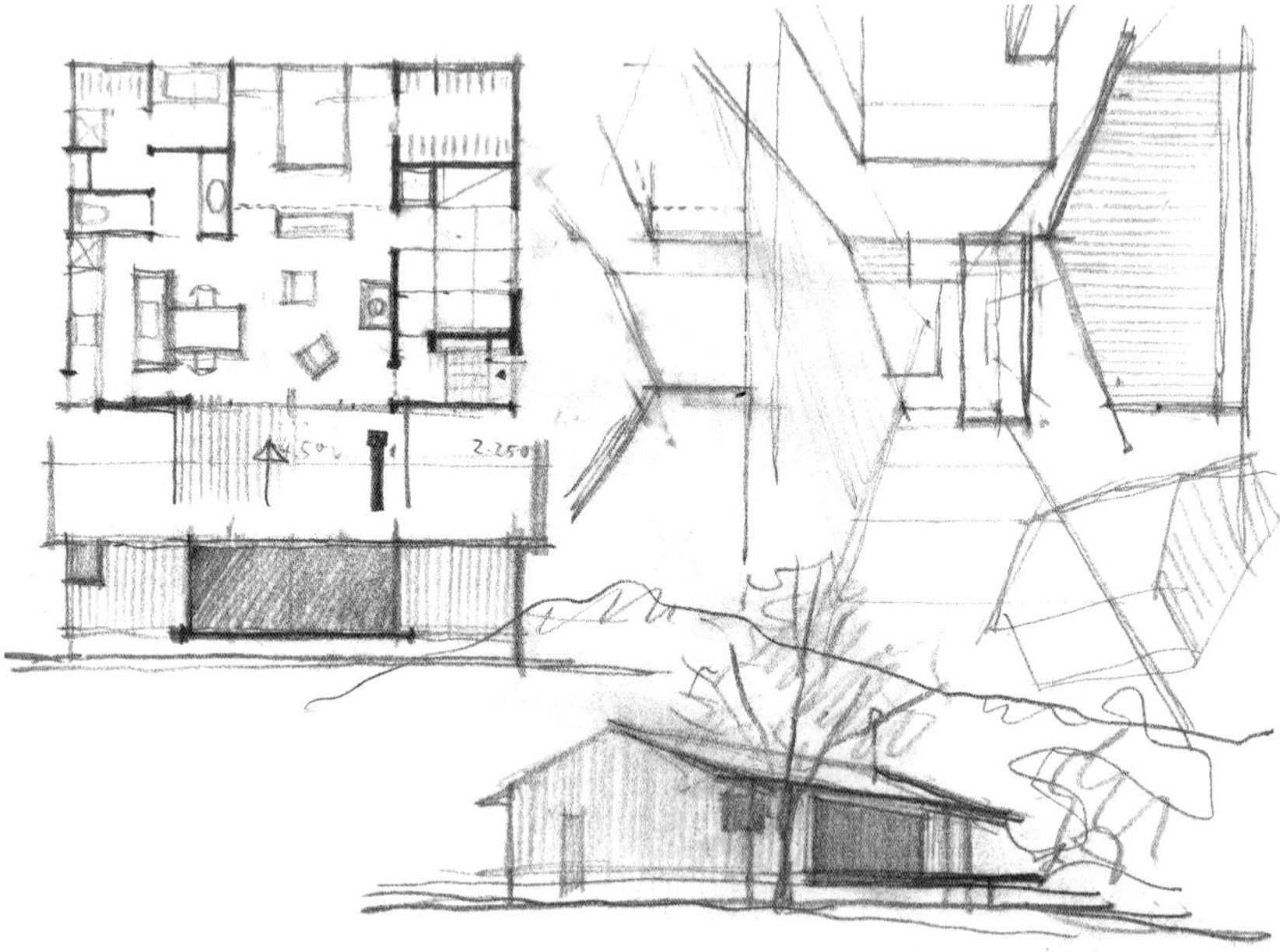
2.250

住まいの基本を考える

1

進化した巣の姿

建築のはじまりの姿

夏、海に行きます。強く明るい日差し。美しい海や山の風景。爽やかな風。気持ちのよい潮騒。しかし人はここに継続して居続けることはできません。そのことを人は本能的に察知してビーチパラソルを砂浜に立て、傘を開きます。

ほんのわずかな日陰ができるだけで、自然との関わり方やそれまでの風景の見え方が変わり、さらに音の聞こえ方や風の感じ方も変化するように感じます。そしてそれまではできなかった、本を読む、眠るなどの営みができるようになります。

また花見やピクニックのときには、美しい枝振りや花の咲き方を見ると同時に、日差しを効果的に防ぐことのできる木を選びます。そうすれば木という屋根の下で穏やかに人と人とが向き合うことが可能になります。

パラソルを立てるときや、適当な木を選んでゴザを敷くとき、そしてそれからの人の素朴な営みを目にすると、現代に生きる人もそのときはまるで原始人に戻っているかのように感じるときがあります。本能的な居場所の感覚を研ぎ澄ませ、波打ち際、道路、隣人との距離と関係を実に的確に捉え、その場所の選択の良し悪しによって、その後の営みが快適で楽しいものになるかどうかをしっかりと認識できているように感じるからです。

こんな建築のはじまりともいえる姿には心惹かれるものがあります。個人の好みや時代を超えた普遍性が備わったこの姿は、大昔から現代に至るまで変わらず、人の記憶の奥底にずっと存在し続けています。私は現代の生活に求められる事柄を決してないがしろにすることなく、このシンプルな姿に建築を近づけたいと常々考えています。

人は自然のなかで、本能的に自分の居場所をさがす。高知の清流・仁淀川で出会った〝建築の原型〟ともいえる光景。

進化した巣の姿

人間は雨に打たれ続けたり、寒いところにずっと居続けると風邪をひき、太陽を浴び過ぎたり風に当たり続けると体力を奪われてゆきます。そんな厳しい自然の脅威に対して動物は〝巣〟をつくるのですが、肉体的に弱い人間はさらに安定した、安心できる居場所を求め、それがその後、〝建築〟といわれるものに発展していきました。またそれを可能とする技術と知恵を蓄積していきました。そう考えると本来建築とは、〝進化した人間の巣〟というべき形質をもっていたのではないでしょうか。他の動物の巣と大きく異なる点は、時間に耐え得る安定感と恒久性があるということと、より多様な営為に対応できるということです。

巣にはその地域に生息する動物独自の必然の美しさを見ることができます。蜂や蜘蛛や鳥の巣をイメージするとわかりやすいかもしれません。自身の肉体や営みのためのシンプルな要求に対して、自然との関わりの中から真剣に導き出した必然性のある姿には美しさが備わっています。〝進化した人間の巣〟、すなわち建築にもそんな美の質を求めたいと思います。

木造の小住宅が基礎

さて、音楽でも、スポーツでも、勉強でも、あるいは料理でも、その習得のためには基礎的な訓練からはじめます。しかし、そのうち早く上達した感覚を得たくなり、基礎はできたと判断して、基礎練習はほどほどに切り上げて応用に移ってしまいます。ところが、そのような流れで進むとあるときから壁にぶつかり、なかなか上達しない。そこでもう一度基礎に立ち戻って練習してみると、何ができていないのかが明確になり、そこを習得することによって、いままでできなかった応用も楽にできるようになる——。そんな経験は誰にもあるように思います。基礎に戻るのは遠回りになるような気がしてしまいますが、実はそれが一番の近道なのでしょう。基礎とは初心者のためでもあり、経験者や熟練者のためのものでもあるのです。

フランス料理はオムレツが、中華料理であれば炒飯が基礎と言われています。オムレツや炒飯が美味しい店であれば、その店のその他のどんな料理を食べても美味しいと言えるのではないでしょうか。では建築設計の分野においてのオムレツや炒飯は何かと問われれば、それは住宅ではないでしょうか。しかも日本においては木造の小住宅が基礎にあるのではないかと思います。小さいながらもここには建築のほとんどすべての要素が凝縮されており、そしてその要素を過不足なくなるべくシンプルな姿に収斂させるように努めれば、〝進化した人間の巣〟を現代にも表現できるのではないかと思います。

設計の経験を重ねていくと、ときに目指す方向が見えなくなり、そして設計に充実感と達成感がなかなか得られない日々が続くことがありますが、そんなときにはもう一度建築の基礎である小さな木造住宅を見直し、考え方や技術を修正してゆくことが大切でしょう。

住宅は〝帰る〟場所

では住宅とその他の用途の建築の違いはどんなところにあるのでしょうか。美術館や図書館や市役所やホテルには〝行く〟と言います。それに対して住宅には〝帰る〟と言います。これはとても大きな違いです。つまり〝行く〟という場所には、そのときの心身の状況に合わせて、〝行く〟〝行かない〟を決めることができる選択肢があることを意味します。しかし〝帰る〟という場所には、その選択肢がない。だから、そこはどんな心身の状況にある人でも寛容に受け入れる場所でなくてはなりません。自分自身をもう一度取り戻し、心の底からリラックスできる場所でなくてはならないのです。

また音楽や料理は聞きたくなかったり、食べたくなかったりしたら、スイッチを切ったり、食べなかったりという選択ができるのですが、住宅はそうはゆきません。スイッチを切って、〝ないこと〟にできないところが住宅の大きな特徴といっていいでしょう。

一方で、料理と建築は似ているところがあります。刺激的で濃い味はたまに食べれば美味しいのですが、日常的に継続して食べることはできません。住宅はまさしく毎日、そして何十年間にわたって食べても飽きないような料理のようでなくてはならないのは明白でしょう。そこには強い刺激や濃い表現といった強くはっきりした味付けは必要ないのです。ときにそのことが退屈でつまらないものと捉えられてしまうかもしれませんが、住宅設計には、淡々とした表現を粘り強く長いスパンで持続して考えてゆかなければならない難しさがあり、確かさが求められるのです。住宅の評価も、建物が完成してすぐ得られるものではなく、住みはじめて何年か経たなければその真価はあらわれません。しかしそんな難しさに向き合い、試練を乗り越えて真剣に住宅設計に取り組めば、他のどんな用途の建築よりも他者と自身の身体感覚や生理的欲求を学ぶことができるのです。それらを学んだ結果の建築には、生命感とわかりやすさが備わります。ここで食事をしたい、ここで昼寝をしたい、ここで歯を磨きたい、といった人の欲求に呼応する居場所を、あらかじめ建築空間が用意してくれていたかのように、人の営為が自然に導かれてゆくのです。

〝ベーシックハウス〟のあり方

文明が進み、さまざまな価値観が生まれ、そして人の欲望や希望も複雑になって、住宅もシンプルな要求だけを満たせばいいというものではなくなりました。科学が発達し、経済的にも余裕が出てくると、機械に頼って身を守ってゆく方向に進んでゆき、自然との関わりは薄れてゆきました。流通が発達すると、さまざまな材料を手にいれることができ、その場所ならではの必然性も失われてゆきました。ときに建築は権力や栄華の象徴としての役割も果たさなければなりませんでした。すると、建築のはじまりに見られた〝進化した巣〟のシンプルな美しさは失われ、複雑なものに姿を変えていったのです。

しかしいま、ようやく本来の建築の姿に戻れるときがきたのではないかと私は考えています。なぜなら、もはや建築は権力や繁栄の象徴として期待されることもなくなりました。経済的余裕や余剰エネルギーもなくなり、無駄なことや贅沢はできなくなってきました。大きな自然災害や地球環境の問題に直面し、建築のあるべき姿、建築の本当の役割と価値を見直さざるを得なくなりました。この状況をチャンスととらえ、もう一度建築がもっていた本来の姿をとり戻すためにいま、どのようなことができるのかを自問したいと思います。ずっと昔から変わらない建築の価値を大切にしながらも、現代の生活や環境に無理なく適合し、さらには多くの人々が取り入れることができる技術でつくられる普遍性と応用力を兼ね備えた家、〝ベーシックハウス〟というべき建築のあり方を考えてゆきたいと思います。

身近な自然を利用してつくられた、簡素ながらも機能性と美しさをそなえた、まるで〝巣〟のような空間。そこには人々が集い、暮らしを営んでいた。旅先のカンボジアにて。

2 小さな家の魅力

住宅のほどよいサイズ

これからの時代、住宅の大きさは、どのくらいを基本単位に考えればいいのでしょうか。かつて日本の家族は子供や親類も多く、一戸の家に三世代が住むことも少なくありませんでした。しかしある時期をピークに、一戸の住まいにおける住人の数は減少する方向にあります。時代の流れから考えても従来の住宅の大きさは見直さなければならない時期に入っているでしょう。

多くの人が、子供の誕生や両親との同居を契機とするように、家の建設はその家族が最大人数となる時期に計画されることが多いように思います。そんなときどうしても大きな家を建てたくなってしまうのは無理もない話ですが、しかしそれから家族は減ってゆきます。子供は独立し、親は亡くなり、そして夫婦もどちらかが先にいなくなります。

また従来の日本の家は、断熱性能が低いため、冬暖かく夏涼しい部屋は少なく、結局は快適なスペースは冷暖房がゆきわたる小さい範囲に限定され、そこだけで生活している状況を目にすることも多かったのです。

つまり、せっかく大きな家を建てても使われない部屋や快適でない部屋が生まれて、実質的に小さな家になってしまうのです。家も人体と同じように使われていない機能や場所があっては血流が滞り、全体の稼働率が低くなるとそこからバランスを崩し、病気や劣化や傷みにつながっていってしまいます。そして性能が悪い家や大き過ぎる家は、その家を次世代が引き継ぎたいという気持ちにはなれず、このことがいま、空き家問題の原因の一つになっているように思います。

そう考えると住宅は数人で暮らしても窮屈でなく、一人になっても寂しくない、そんな大きさがちょうどいいのではないでしょうか。具体的な数値にあらわすと、延べ床面積で百平米前後が一つの基本単位になるのではないかと私は経験上考えています。現代の生活に求められる部屋が無理なくおさまる物理的条件と心理的条件のちょうどよい交点がそこにあるようなのです。現代の人間の巣としての適正規模と言えるかもしれません。

また、例えば夫婦と子供二人の家族であっても、家族全員が家に揃っている時間は意外と少ないものです。一日のうち、子供は学校や塾に行っている時間、親は仕事に行っている時間がほとんどです。誰かが家に残り家事をしている状況だとしても、一人でも寂しくなく、家中の気配が伝わり、全体に目が行き届きやすい大きさであることが大切でしょう。つまり家族全員が同時に家にいて、暮らしている時間はそう長くはないことや、維持管理がしやすいこと、そして最後、住人は一人になるということをあらかじめイメージし、理解して大きさを考えることが必要なのです。

この〝大き過ぎる問題〟は住宅のみならず、公共建築にもあてはまります。建物を計画する時点で想定する、さまざまな立場の人の希望や欲求に応えるように設計すると、建築はとてつもない大きさに膨れ上がってしまいます。しかし竣工後しばらくして、設計者も依頼者もここまで大きなものは必要なかったと反省することが少なくありません。そうなってからではもう手遅れなのです。建築は簡単には小さくできないからです。また規模が大きいとランニングコストがかかるので財政を圧迫し、建物を支える人たちが働きにくく、維持管理が行き届かなくなってしまいます。さらに周囲に与える圧迫感も無視できません。建築においては〝大は小を兼ねる〟わけではありませんし、〝大きければ立派で贅沢〟なわけでは決してないのです。むしろ小さく過不足ないことは堅牢さや持久力を示し、〝小さいことはスマートである〟のです。設計者や住まい手、使い手はこれまでの価値基準を変えてゆかねばなりません。

小さな家のメリット

住宅を小さくつくるとさまざまな利点が生まれます。当然ながらランニングコストのみならずイニシャルコストも抑えられます。また建蔽率や容積率を最大に満たしてつくらなくてもよくなると、隣家や道路に対しての圧迫感がやわらぎ、周囲に日照や通風を与えます。さらに境界と建物の間に余裕が生まれると、樹木を植えられるようになり、軒庇もしっかり出せるようになります。この軒庇というのは特に木造住宅において必須といえるもので、これがあることで住宅の性能も雰囲気も格段によくなります。外壁は雨に当たらないため汚れにくくなり、夏の日射を防ぎ、雨の日でも窓を開けることができます。また建物に陰翳が生まれるので景観にも寄与するでしょう。

平面図を読む

さて、このように小さな家にはさまざまなメリットがあるのですが、さらに魅力を引き出すにはプランニングがとても重要です。例えば同じ百平米の家でもプランニングの良し悪しで、その家の大きさや豊かさの体感は大きく変わります。

建築の空間は立体的に三次元でできていますが、建築に携わる専門家は二次元の図面やスケッチを見るだけで、その建築の空間の質のほとんどを読み解くことができます。あたかもそれは音楽の専門家が楽譜を見ただけでその曲のことがわかるようなものです。そして図面のなかで最も重要で、最もその住宅の質を詳細に伝えるのは平面図だと思います。建物のスケールが小さくなればなるほど、人の心身のことを理解していなければならないのでプランニングの難易度は上がるでしょう。そして平面図からだけでも、その住宅における暮らしやすさ、構造的な堅牢さ、風通し、明るいところや暗いところ、家の中での人の動き、そしてコストまでもがおおよそわかり、さらにはこの平面図を描いた人の力量、情熱、努力、価値観、理解度といったリアルな内面も読み取れてしまいます。私がここで使う〝プラン〟や〝プランニング〟という言葉はこの平面図や平面計画のことを意味します。物理的には小さいけれど、そこに住まう人には広々と感じられる家をつくるためにはこのプランニングの技術が不可欠です。

良いプランニングとは

では建築的に質が高く、暮らしやすいプランというのはどういったものでしょうか。これはなかなか一言では言い表しにくいところはあるのですが、あえて言葉にしてみると、まずプランが単調ではなく抑揚があることです。音楽も音量やリズムに緩急の変化があるように建築のプランにも狭いところ、広いところ、明るいところ、暗いところ、動きのあるところ、静かなところ、といった抑揚があることが重要なのです。ただすべての建築において単調なプランが悪いわけではありません。淡々と反復される美しい旋律の音楽や建築もあります。しかし小住宅の規模で、各々の特徴と役割を持つ部屋を限りある範囲に配置しなければならない場合には、この抑揚がなくてはなかなか生き生きしたプランはできないように思います。

次に動線計画が練れているかどうかが重要です。住宅はさまざまな状況の人の心理、動きを内包しなければなりません。例えば家事の動線、子供の動線、客の動線、病気のときの動線、お風呂から寝室への動線等々、人のあらゆる心身の状態にしっかりと呼応する動線が織り込まれ、さらには一方通行ではなく、ぐるっと回れるような動線があるとプランに躍動感と効率のよさが生まれます。動線計画がうまく練れていれば廊下は不要となり、小さな家でも広々と感じさせることができるようになります。

そして次に肝要なのは、その敷地全体と敷地周囲の環境の中での平面計画です。これは配置計画と言われていますが、ここには駐車場、門、塀、隣の家や道路との関係、アプローチ、庭、インフラの状況などが表現されます。この配置計画が実に大切で、この計画の確かさがあって、ようやく建物内のプランの良し悪しが判断できるのです。

最後に大事なのは構造的、設備的なことと人の居場所とが無理なく一体化していることです。特に木造住宅の場合、勝手気ままに、自由奔放にプランニングすることはできません。すでに製材された直線の木材を、秩序をもって配置してゆかなければ、コスト的にも構造的安定に対しても不利に働いてしまうからです。

生活を支える縁の下の力持ちのような設備計画も、言うまでもなく重要です。できれば水周りは集中させて配管の距離を抑えると、コスト的にも維持管理的にも大きな利点が得られます。

つまり、このような物理的な約束事を守り、秩序をもった構成をとりながらもさまざまな人の営みと居場所が生き生きと浮かび上がってくるのが、質が高く暮らしやすいプランといえるのではないかと思います。

前川國男と林芙美子の自邸

江戸東京たてもの園に、日本近代建築の巨匠である前川國男の自邸が移築、公開されています。近代建築の傑作と評価されているこの家は、一九四二年、太平洋戦争中に建てられたため、延べ床面積は百平米以下という制限がありました。私はこの制約から生まれた規模が、結果的に過不足なく住みやすい、ベーシックと言うにふさわしい美しいプランを生んだのではないかと思っています。

また同じ頃、作家の林芙美子が新宿に建てた自邸も、制限から生活棟とアトリエ棟それぞれ百平米に抑えられており、ゆえに限られた面積の中でなるべく広々と暮らせるプランの工夫がなされ、そのことがこの家の聡明さにつながっていると思います。そして二軒とも現代において十分暮らしやすく維持管理がしやすい家になっているところに注目したいのです。時代を超えて百平米前後の小さな家には普遍的な人の住まいとしての魅力が詰まっているということでしょう。この魅力を体感したい方はぜひ、この二軒を訪ねることをお勧めします。〝ああ、家の大きさはこれでいいんだ〟と感じていただけると思います。

前川國男邸（上）と林芙美子邸。ともに資材も乏しく、制約も大きい戦中につくられた住宅だが、優れたプランやプロポーションによって、現代でも通用する日本の住宅の〝ベーシック〟な姿を示している。

私の設計した家

里山住宅博　ヴァンガードハウス

鎌倉大町の家

杉板張りの外壁に切妻屋根を架した、
シンプルな外観。
ごくありふれた素材を用い、
生活に即した合理的なプランと
的確なプロポーションで構成された室内。
どんな人にも、どんな家族にも汎用性が高い
四間角百平米ほどの二階建て木造住宅で、
現代における住まいの
〝ベーシック〟を追求しました。

一階の食堂と居間。コストを抑えるため、室内は手に入りやすい素材や既製品を多用しつつも、的確なプロポーションにより、空間の質を保った。右手の白いダクトは、屋根で集熱した空気を床下へ送り込むもの。居間と食堂のあいだの棚の内部にはエアコンが設置されており、床下に暖気が送り込まれる。断熱気密性能を高めて、温熱環境を安定させた。

里山に暮らす

私の設計した家 1

里山住宅博 ヴァンガードハウス

1／居間の北東面を見る。2／居間の北西面をのぞむ。天井高2160ミリ。開口部は断熱性能に優れた木製サッシ。3／居間の北西からの光と食堂の南東からの光は刻々と変化し、室内にほどよい陰翳をもたらす。4／台所脇には小さな書斎スペースがある。

1

これからの〝ベーシック〟を考えた住まい

里山住宅博とは二〇一六年六月より神戸市北区で行われた、地域工務店二十二社による期間限定住宅展示場である。住民が共有して管理する里山の斜面に面した一区画がヴァンガードハウス（先進の家）の敷地として与えられ、招待建築家として私が設計することとなった。

　里山住宅博のプロデューサーの小池一三氏からは、地域工務店と同じフィールドで、多くの人の手に届く価格帯でつくり、多くの人が住みこなすことのできる、いわばベーシックハウスの要素を多分に含んだ住宅を設計してほしい、とリクエストがあった。

　同時に〝これからの住宅〟を見据える意味もあり、誰もが入手できる材料と、実践できる工法で住宅の性能を向上させ、省エネルギーを実現させてゆくことも求められた。

　また計画当初から決まっていた施工者のダイシンビルドが、〝新木造住宅技術研究協議会〟（木造住宅の性能向上のための技術開発団体で高断熱高気密の先駆的存在）の会員であったため、以前から興味のあった高断熱高気密の豊富な知識と経験をそこから学び、取り入れていった。

　輪郭はシンプルな四間角の総二階建て。そこに雨仕舞い性能、日射のコントロール性能、防汚性能などに優れた軒の出のある切妻屋根がかかる。この屋根形式は最も原初的で、最も高性能で、最もコストパフォーマンスが高いと判断して使っている。この屋根に竣工後しばらくして空気集熱ソーラー（びおソーラー）を設置し、さらに性能が高まった。

　また特別な素材や工法を使わず、既製品を多用しながらも空間の質を高めるために必要なのは、プロポーションが整った的確な寸法で構成することであるが、それをこの仕事で再認識することとなった。結果として、さらに〝パッシブデザイン〟（第3章参照）、そしてベーシックな住宅への取り組みの意識が高まっていった。

　この住宅は建売住宅として販売され、現在は購入した方が上手に住みこなして、暮らしている。

2

4

3

2

1

3

おおらかで、無駄のない間取り

二階は個室および家事室や洗面所などのユーティリティで構成される。1／昇降のしやすさを追求した階段。2／コンパクトにまとめられた子供部屋に最適なスペース（個室1）。3／廊下の引き戸を開け放てば個室と廊下を一体化した空間にすることも。家族構成に変化があっても、対応可能なつくりとなっている。手前は、洗濯機が置かれ物干しができる家事室。この家で最も快適な場所にある。

4／主寝室には前室が設けられ、プライバシーが確保されているが、廊下側の壁上部に開口部があり、通風と空調の効果をひきだしている。5／洗面所や浴室、家事室は二階の三分の一ほどのスペースが割かれ、ゆったりとしたつくり。

4

5

1／南西側の外観は、親しみやすい原初的な家の姿。杉板は入手が容易で、補修もしやすく、コストパフォーマンスが高い。色味や風合いなどの経年変化にも味わいがある。手前の凸型部分は階段室にあたる。2／切妻屋根には雨どいを設置せず、代わりに雨落ち部分を排水パイプを埋め込んだ石敷きにしている。

1

里山住宅博 ヴァンガードハウス

平面図　1：150

主体構造	木造
用途	専用住宅
敷地面積	200.14㎡
建築面積	54.65㎡
延べ床面積	106.25㎡
家族構成	夫婦+子供2人
冷暖房方式	ヒートポンプエアコン
換気方式	第三種換気、 空気集熱ソーラー換気システム
施工	ダイシンビルド
竣工	2016年6月

2

に暮らす

家 2

の家

自然豊かな鎌倉の夜に溶け込む杉板の外壁。室内からは暖かな灯がもれる。左手は台所の窓。中央は居間の掃き出し窓で、右手は開け閉てのしやすい上下二段の通風窓。二階の窓には日射を遮ることのできる板戸を設置している。

1

近年、鎌倉も大きく変わりつつある。古都の景観をつくってきた昔ながらの瓦屋根の日本家屋は庭木もろとも取り壊され、土地は細かく刻まれ、そこには歴史や風土とは文脈のつながらない新しい住宅があっという間に建てられる。それぞれの敷地には一本の樹木も植えられないことも多い。するとこれまで蓄積してきた場所の記憶や情緒が一瞬で失われ、ゆったりとした時間の流れも急に忙しなく感じられてしまう。

この家が建つのも大きな屋敷が取り壊された後に開発された土地で、新しくコンクリートの擁壁が立ち、雛壇状に造成された直後は痛々しい姿であった。昔の状態そのものを取り戻すことはできないけれども、少しでも以前の風情や歴史の蓄積を取り戻すことはできないだろうか。また単に郷愁に浸るだけではなく、最新の技術や素材を使って、性能や住み心地は現代の生活に合わせたものにし、いま新しく家をつくることの意義をしっかりと見出したい。そんなことを考えて設計に取り組んだ。

等身大の生活をつむぐ住まい

2

1／居間の北側をのぞむ。ソファ背後の壁は高さを抑え、家全体の風の通りを良くし、人の気配を伝えやすくする。空調も壁に内蔵。ソファ脇の円柱は集熱ダクト。2／ワークスペース。北側からの光が射し込み、居間や食堂とはひと味ちがう雰囲気に。床はレンガが敷かれ、屋根で集熱された空気と空調からの暖気を送るパイプが埋め込まれているため、ほんのり温かい。3／ゆったりスペースをとった二階の洗面所と家事室。4／台所。南側からの明るい光が清潔感をもたらす。

4

3

建物は里山住宅博ヴァンガードハウスと同じ四間角の総二階建て。伝統的な切妻屋根と板張りの外壁。山並みにも住宅地にもスッと馴染んでしまう形質を持っている。この輪郭は現代の生活において過不足のない大きさで、放熱面積が少ないため断熱性能を高めやすい形であり、かつコストパフォーマンスに優れる。

これらの魅力を最大限に引き出すプランニングを心がけ、中央に鉄板でつくられた階段室を配し、そこを中心にぐるぐる回れる淀みのないプランにした。

断熱性能を高めたことで室温は一定に保たれ、家中の動きやすさは格段に高まった。また屋根やメインの開口部は正確に南面させて効率的に屋根面や開口部で集熱して室内を暖めるが、窓を開ければ海からの爽やかな風が家中を通り抜ける。

そんなパッシブデザインを強く意識した設計は、住み心地のうえでも省エネにおいても大きな効果を上げている。

1

1／二階の寝室。天井は杉板に柿渋を塗装。日射遮蔽と雨戸の機能を持った板戸から光が射し込む。2／ワークスペースから玄関をのぞむ。奥に見えるアールは階段室。3／玄関やワークスペースと居間のあいだにはステップが設けられ、さらに二階へつづく階段と連続する。ここを中心として回遊性のある動線が生み出される。階段室の壁は10ミリ厚の鉄製。4／南面した居間に光が満ち、木製のサッシに漆喰壁、杉の床板、籐巻きの柱や無垢の家具があたたかな雰囲気をかもしだす。天井高は2190ミリ。

4

3

2

ヒューマンスケールで構成された室内

前庭や擁壁にも徐々に緑が生い茂ってきており、やがて以前の自然豊かな姿が回復することを期待している。

鎌倉大町の家

主体構造	**木造**
用途	**専用住宅**
敷地面積	**172.68㎡**
建築面積	**56.59㎡**
延べ床面積	**105.98㎡**
家族構成	**夫婦+子供1人**
冷暖房方式	**輻射対流式床下冷暖房システム、ヒートポンプエアコン**
換気方式	**第三種換気、空気集熱ソーラー換気システム**
施工	**安池建設工業**
竣工	**2017年10月**

平面図　1：150

7.280
(4間)
1.950
1.367.5
932.5
3.030
1.550
1.702
1.603
2.425
2.460
1.490
3.330
7.280
(4間)
押入
和室
家事室
A.C.
W.I.C.
洗面所
BED
ROOM
BED
ROOM
(子供部屋)
2nd floor Plan
2.100
1.540
610
3.030
S.I.C.
WORK
SPACE
HALL
1.802
A.C.
sofa
PANTRY
LIVING
3.928
KITCHEN
DINING
7.280
(4間)
2.425
4.855
7.280
N
GARAGE

柔らかな空気に包まれて、途切れた風景と時間を取り戻す

夫も私も鎌倉が好きで、以前は同じ町の山ひとつ向こう側で、築五十年の木造の家に住んでいたんです。夏は風の通りもよく過ごしやすかったんですが、とにかく冬が寒くて寒くて。室内でも手はかじかむし、白い息は出るし、夫は二度も肺炎になるし……。古い家で自然を感じながら暮らすのが好きだったからがまんしていましたが、思えば過酷な環境でした。それでこちらの土地を見つけて、堀部さんに家を建ててもらうことになったのですが、最初の打ち合わせで、「〝高断熱高気密〟の家にしましょう」という提案をいただいたんです。正直戸惑いました。〝高断熱高気密〟という言葉からイメージするのは、人も空気も外部と遮断され、密閉された、息苦しそうな空間。これまで夫と一緒に堀部さんの設計した住宅をいくつか見て受けた「風が抜ける、空気の流れが穏やかな家」という印象と正反対でしたから。だから堀部さんには「その家の窓って開けていいんですか？」と聞いてしまいました。そうしたら「好きなだけどうぞ」って。話を聞いてみると、室外で集めた熱を家中に循環させたり、エアコンは一階と二階に一台ずつでよかったり、自然エネルギーを有効利用した、環境にも私たちの心身にもやさしい、私の先入観とはずいぶん異なるもののようでした。

実際暮らしてみると、家中にいつも穏やかな空気が流れていて、冬は暖かく、夏は涼しい。おかげで肩凝りが治ったり、風邪をひきにくくなったり、とにかく身体が劇的に楽になりました。風が

台所と玄関のあいだにあるパントリー。右手のアールは階段室。鉄製なので、マグネットをくっつけてモノ掛けやボードのように利用している。

一階のトイレのしつらえ。
上部の窓から明かりがこぼれる。

通るので夏の日中は開けっ放しにしていることが多く、冬も南側の窓から入る陽で十分あたたまるので、日中はほとんどエアコンを使いません。気密性が高いからそれで家の中は十分保温・保冷されるんです。ただ夕方ちょっと寒くなったり、蒸し暑くなってきたりしたらすぐスイッチを入れて、なるべく家の温度は一定に保つように気をつけています。夏の湿気も減りました。漆喰壁や杉の床板、外壁なんかも調湿に関係しているようです。居間の杉の床板は、冬になると溝がパカッと拡がって、夏になるとギュッと閉まるんですよ。最初はびっくりしましたけれど、ああ家も呼吸をしているんだなって実感します。堀部さんは〝高断熱高気密〟というより、〝保温力〟〝保冷力〟という言葉の方がいいかななんて仰っていますが、まさに柔らかい空気に温かく包み込まれているような感覚なんです。

自然を感じながら生活するには、多少のがまんが必要だと思い込んでいたけれど、ちょうどこの家で一年を過ごし、春夏秋冬を体験して、環境に負荷をかけないことと、快適に生活することとは両立できるんだ、という発見がありました。

室内は、家全体が緩やかにつながっているので、動線も良いし、みなどこにいてもなんとなく気配を感じられる。三人家族にはちょうど良いサイズ感です。特に好きな場所は、台所。窓からの明るい光の感じと、オープンキッチンじゃないので、さあ今日は仕込みをするぞ!なんて、良い意味で籠ることができるところが気に入っています。

この一帯はもとは一つの敷地で、うっそうとした緑のなかにお屋敷がぽつんと建っているような場所だったんです。それが分譲され、造成地となった姿を見たときには、なんだか申し訳ないような気持ちになりました。鎌倉の自然と歴史が好きでここに住むことになったのに、無粋な擁壁がドーンとそびえ、緑がまったくない状態になってしまったので。それが家が建ち、私たちが暮らし始め、庭や擁壁に緑が茂りだし、いまは庭掃除などをしていると「良い家ですね」なんて声を掛けられることも多くなりました。そんなときは、この家も徐々に鎌倉の町に馴染んでいっているのかなって、ちょっとホッとしますね。切妻屋根に杉の板壁という外観も周囲に馴染みやすかったのかもしれません。馴染み過ぎて、遊びにきた友人に「なんだ中古住宅を買ったんだ」と言われたこともありましたが、「室内はすごく快適そう」と、そのギャップにも驚かれます。

同じ分譲地にはいまもつぎつぎと新しい家が建っていますが、隣家にはすてきな庭ができたりして、分譲地全体で以前のような緑あふれる姿に戻ってゆくこともできるのかな、と思っています。周囲の方たちとも地域の行事で共通の思い出をつくっていったり、この家を一つの拠点に、一度途切れてしまった土地の記憶をふたたびつないでゆくことができたらとても幸せなことですね。

3 〝パッシブ〟な家の魅力

住まいのストレス

住宅においての〝いい環境〟とは何を指すのでしょうか。私は、それはすなわちストレスが少ない状態をいうのではないかと思います。

広さ狭さのストレス、明暗のストレス、騒音振動のストレス、動線のストレス、景観のストレスなどさまざまなストレスがありますが、なかでも暑さ寒さなど温熱に関わるストレスはかなりの割合を占めており、そのストレスを〝感じる〟〝感じない〟といった個人差も少ないため、誰もが共有するストレスといっていいのではないでしょうか。温熱に関わるストレスが大きい住宅は他の部分がいかに優れていても数十年にわたって愛着をもって住み続けることは難しいと思います。なぜなら住まい手は、そのストレスに打ち勝てる元気なときばかりではないからです。人は皆老いてゆき、病に伏し、また将来に希望を見出せないときもあるでしょう。人の明るい希望だけに応えるのが建築ではなく、人が孤独や絶望といった負の状態にあるときこそ人を温かく包み込み、真価を発揮するものが建築でありたいと思います。特に住宅においてはその視点を重視しなければなりません。

パッシブデザインとは

戦後、高度成長期以降の数十年は科学の進歩と経済的な豊かさに支えられ、温熱に関わるストレスを冷暖房などの機械設備に依存して取り除いてゆくデザインが席巻しました。気候風土を無視し、断熱性能が乏しいまま機械設備に頼ることは、光熱費が膨れ上がったり、冷え性や腰痛を引き起こしたり、あるいは結露やヒートショックに悩まされるなど、経済的にも心身の健康にも支障をきたすことになりました。さらには原発問題やCO_2問題など、きわめて制御が難しい地球自身の大きなストレスを生み出してしまいました。そんな状況にあって近年、太陽エネルギーや気候風土と呼応するデザイン、すなわち〝パッシブデザイン〟が強く求められてきたのです。このパッシブデザインは色々な分野に通ずる考え方なので、他の分野を例にして説明したいと思います。

私は楽器のドラムを演奏するのですが、よく力がいるでしょう?と言われます。しかしドラムは力を入れて叩いてもいい音はしません。また緊張していてもいい演奏はできません。ではどうすればいい音を出すことができ、いい演奏ができるかといえば、それはなるべくリラックスしてスティックの跳ね返りを利用するように叩くことなのです。スティックに効率的な大きな仕事をさせて、人は力を入れずに最小のエネルギーで仕事をすることがいい音を生み出し、いい演奏につながるのです。

またはバスケットボールのドリブルをイメージしてみてください。上手な人は何も力を入れていないようです。ボールの跳ね返りを最大限利用した、最小限の動きをします。まるで物理の法則の中に、人の手が溶け込んだような状態といえばいいでしょうか。その状態をつくることができればスピードもあがり、疲れも感じず、とても少ないエネルギーで最大の効果を生み出します。これを自分のものにするには、いかに物理的な法則と自分の肉体を馴染ませてゆくかがポイントで、そのコツを掴むまでは基礎的な練習と経験が必要です。

建築におけるパッシブデザインも似たようなことです。太陽のエネルギーや気候風土といったすでに存在しているものを活かすようにデザインすることで、なるべく少ない労力でその働きを効果的に引き出してゆくのです。反対に太陽が燦々と降り注ぎ、いい風が吹いているのにそれを取り入れることをしないデザイン、大雨が降っているのに素早く雨を受け流さないデザイン、身近にいい材料や技術があるのにそれをまったく利用しないデザイン、そして冷暖房をフル稼働させなければ室内環境が成立しないデザインはどう考えても合理的とは言えませんし、エネルギー問題が深刻化している現代にまったくふさわしくありません。気候風土を無視し、強引にねじ伏せてゆくような〝アクティブ〟な建築デザインは無駄な費用と労力を要し、そして次第に住まい手も建築自体も疲労してゆきます。そのような建築は、音が淀んで、実は誰一人として気持ち良くさせない、まわりにストレスを与えている音楽と同じなのです。

山形県酒田市の山居（さんきょ）倉庫（米蔵）。自然の力を利用して除湿・温度管理などを行うパッシブデザインの究極ともいうべき建築。西側には落葉樹を植え、夏の日射を防いでいる。建設は明治時代。機械設備を併用しつつ現役で使用されている。

日本の優れた伝統デザイン

アクティブに対しパッシブなデザイン。それは機械設備のなかった時代の優れた日本建築にもともと高いレベルで備わっていたデザインでした。つまりパッシブデザインという言葉や概念などなくても自然とデザインされていたのです。

　冬の日射取得や夏の日射遮蔽、通風、防湿、蓄熱の工夫といったデザインの基本は、かつての手法や知恵を改めて評価し、手本にすることが大切だと考えています。夏の日差しを遮る屋根庇を出し、しかしその庇の長さを慎重に検討して冬の日差しは取り入れる。また夏において庇だけでは防ぎきれない日射は葦簀《よしず》や庭の落葉樹などで防ぐ。冬の断熱のために戸や障子で挟まれた縁側という断熱、気密層を設ける。同時にその戸や障子を開け放てば、そこは夏においての快適な居場所となる。屋根にはたくさんの葦を重ねたり、瓦という性能の高い屋根材で断熱、遮熱を図り、熱のロスを防ぐ。かつての日本建築には意匠と性能が高いレベルで融合した、情緒的かつ合理的な美しいデザインが展開されています。自然風土に恵まれていて、それらと生活とを淀みなくつなぎ合わせる役割の建築技術や考え方は、世界的に見ても大変ユニークでレベルが高かったといえるでしょう。

　しかし現代の生活や環境に対応するには、新たな素材や工法によって、昔の優れたデザインを改良し、新たな手法や考えを取り入れてゆかなければならないことは言うまでもありません。また現代のパッシブデザインは機械設備を決して否定するものではなく、自然風土を活かすデザインとともに取り入れ共存させてゆくことが不可欠です。現代に生きる人の肉体や、現代の日本の環境を考えると、機械の力なしには生きることはできないからです。このことを前向きにとらえ、機械に〝依存する〟のではなく、機械を上手に〝利用する〟ことを求められているのが今日的なパッシブデザインなのではないでしょうか。いまの空調機などは燃費がよく、環境に与える負荷も少なく、コストパフォーマンスがとても高くなっています。そのような優れたものを利用せずに我慢している状態は不自然といえるような時代になったのです。

〝保温力〟と〝保冷力〟

では機械の力を上手に利用して省エネを実現させながら、暑さ寒さによるストレスのない環境を手に入れるためにはどうすればいいのでしょう。まず第一に熱の動きや働きをしっかり考えた〝断熱性能〟を高めることが不可欠であることがみえてきます。また気密が確保されていなければいくら断熱を高めても効果はないため、断熱と気密はセットで考えなければならないでしょう。〝断熱〟〝気密〟というと、どこか息苦しく感じたり、自然や気候風土を遮断しているようなイメージを抱いている方がいますが、それは言葉の独り歩きからくるまったくの誤解です。断熱気密性能を建物の〝保温力〟と捉えてみてください。冬は太陽の熱を効率的に取り入れ、その暖かさをしっかり保つのです。気密はダウンジャケットのファスナーと捉えればわかりやすいでしょう。しっかりと閉めることができれば格段に保温力は上がります。気候のいいときは窓を開けて保温力を緩め、外の環境と一体化させることもできます。そして夏は日射をしっかりと遮蔽することができれば、外気の影響を受けず、まるで土蔵の中に入ったときのような爽やかさを得られますし、冷房の効きも格段と上がります。こちらはクーラーボックスの〝保冷力〟をイメージすればわかりやすいですね。

つまり的確な設計をすれば、季節のいいときには室内の環境を外部の環境と同じにすることもできるし、真夏や真冬においては外部の気候の影響を受けにくくすることもできる、どちらにも対応できるのです。性能が上がった断熱材や窓、あるいは工法を適切に利用し、意匠的にも情感豊かな住宅をつくることが、現代ならではの表現につながってゆくのではないかと考えています。しかしこのような住宅をつくるには設計力と住まい手のリテラシーの両方が不可欠です。

身近なものの価値に気づく

さて断熱気密性能を高め、気候風土や機械の力をうまく利用しながらのパッシブデザインがなされると、どのような効果があらわれるのでしょうか。

私は一番大きな効果は住まい手の身体が楽になるということだと思います。これは体感して

沖縄県伊是名島の銘苅（めかる）家住宅。台風による強風や雨を合理的に受け流すデザインや夏の強い日射を遮る工夫がされている。明治以降に琉球王朝尚家の一族が暮らしていた。

みないと伝わらないことですが、冷え性や猫背や腰痛が治るなど、住まい手の健康に大きく貢献することが実証されています。

そして家全体の室温にムラがなくなるため、夏に暑くて二階に行きたくないとか、冬寒いので北側の部屋や廊下には行きたくないといったことがなくなり、四季を通して家中の稼働率が上がり、面積が小さい家でも広く使うことができるようになります。同時にヒートショックや結露やカビの心配も激減します。また、冷暖房効率のために仕切らなければならなかったところを仕切る必要がなくなったり、吹き抜けをつくっても寒くなくなったり、北側にリビングや寝室といった居室を配置することができるようになったりと、プランの自由度も増えます。するると当然のことながら光熱費は大きく下がり、省エネに大きく貢献します。各居室に一台、一家に四〜五台あったエアコンは半分以下に減ります。省エネやエコは我慢することでも、それが目的ということでもなく、快適な環境を追求した結果として、もれなくついてくることと捉えるといいかもしれません。

さらに意外なのは断熱気密性能を高めると、より自然を身近に感じられるということです。例えば人は寒い環境にいると雪を見ても美しいとは感じにくいものですが、安心、安定した暖かい部屋の窓から雪を見れば、それを美しいと感じることができます。また気候風土を活かしたつくりであるため日々の天候や気温に対して敏感になり、季節の変化も以前より楽しむことができるようになるのです。

私たちは気候風土といった、かけがえのない美しいもの、価値あるものに囲まれて生きています。それらはあまりにも身近にあるために、普段その価値になかなか気づくことができません。優れた建築とは、そんな身近に当たり前に存在している価値や美しさに気づかせてくれるものではないでしょうか。人はデザイン次第で豊かにも貧しくもなる。もう一度こんなことを意識して建築を考えてゆきたいと思っています。

私の設計した家

八雲の家
秦野の家

冬暖かく、夏涼しい。
どの部屋も室温が一定で、空気は淀まない――。
これまでも追求してきた、
住まいの基本条件である温熱環境について
さらに一歩進んで、あらたな試みに取り組んだ
二つの住宅。
エネルギー効率が良くなる。
空間の無駄が減る。
心身が解きほぐされ
自然との一体感を得られる。
さまざまな効果があらわれます。

集まって暮らす

私の設計した家 3

八雲の家

二世帯六人が暮らす二階建ての家。それぞれの居場所を緩やかにつなぎ、そして仕切るレンガの壁。薪ストーブによる熱の蓄熱、二階のエアコンからの冷気の蓄冷、さらに蓄湿の機能を持ちながら、光と気配と風を各所に届ける。

茶室のある二世帯住宅

1／居間は障子が設置され、その上部には障子を閉めても公園の緑が見えるように簾が組み込まれている。2／建主の母は茶道を趣味でたしなんでいる。敷地南側には茶室が配置され、日常とは異なる空間が広がる。3／南側の茶庭。奥の庭門は、かつて親族の家の庭にあった門をコンパクトに組み直したもの。4／食堂およびレンガ壁両脇の図書コーナー、階段室、そして居間は同じフロアながら、それぞれ天井高が異なり、空間の緩急と光の変化をもたらす。

1

3

2

東京目黒、閑静な住宅街に建つ二世帯住宅の建て替えである。以前の古い家は南面した明るい場所の稼働率が低く、また部屋が小割りになっていた。その結果、家族それぞれの居場所に景観的、温熱的な優劣が生まれ、家全体の気配のつながりが乏しく、のびやかな広がりにも欠けていた。

それらの問題を解決するため建て替えにあたっては、以下のようなことを重視しながら設計をはじめた。まず南側に隣接する公園の借景を取り込みながら三世代六人のそれぞれの居場所を緩やかにつなげて広がりをもたらすこと。無駄なスペースや稼働率の低い淀んだ場所が生まれないようにすること。回遊性のあるコンパクトで合理的な生活動線を織り込むこと。さらに茶道教室が行われる伝統的な茶室スペースと日常的で現代的な暮らしのスペースとを共生させること——。

設計を進めてしばらくすると、断熱気密の性能を高めながら太陽エネルギーや通風を活かしたパッシブデザインの追求が不可欠であ

4

ると気づいた。それが実現すれば少ないエネルギー、ランニングコストで二世帯の生活が無理なく営まれ、空調機などを大幅に減らすことができる。つまり核家族が独立して住むよりも二世帯住宅のように集まって住む方がずっと経済的で省エネルギーにつながることを一歩進めて表現したかった。

また建物の保温力が高まり室温が一定に保たれることで、それぞれの場所の温熱的優劣がなくなって稼働率が均質化する。さらに回遊性を重視したプランにおいて移動の快適性が格段に高まることも、多くの家族が住む家にはとても大切なことであると考えた。

家の印象として特徴的なのは穴が開くように積んだレンガの壁である。この壁に接して設けた薪ストーブの熱を蓄えたり、冷房の風を蓄冷しながら通すといった、温熱環境を整える機能をはたすと同時に、トップライトからの光の効果を高め、そして家族の気配を伝え合う役割を担っている。意匠と性能を融合させせようとしたこの家を象徴的に表す壁となっている。

2

1

3

4

回遊性がもたらす空間の奥行き

1／玄関のスペースはゆったりとられ、来客用（1・3）、家族用、茶室用の三つの動線をさばいている。2／玄関を抜けるとレンガ壁で仕切られた階段室へ。4／二階の吹き抜け部分には、ストーブの煙突とレンガ壁がのぞく。二階は食堂の真上部分に二つの子供部屋を、その周囲に寝室や洗濯室、浴室、ウォークインクローゼットを配置。左手前は廊下のスペースを活用した書斎。その奥が夫婦の寝室。

公園の緑を借景にした両親の寝室。一階茶室の真上にあたる、やや奥まった位置に配置され、世帯ごとのプライバシーを保っている。天井は桐材。東面には足元を掘り込んだ文机がつくりつけられている。天井は低いところで1950ミリ、高いところで2550ミリ。

1／夫婦の寝室。こちらも公園の緑を借景にしている。2／公園から見る八雲の家。

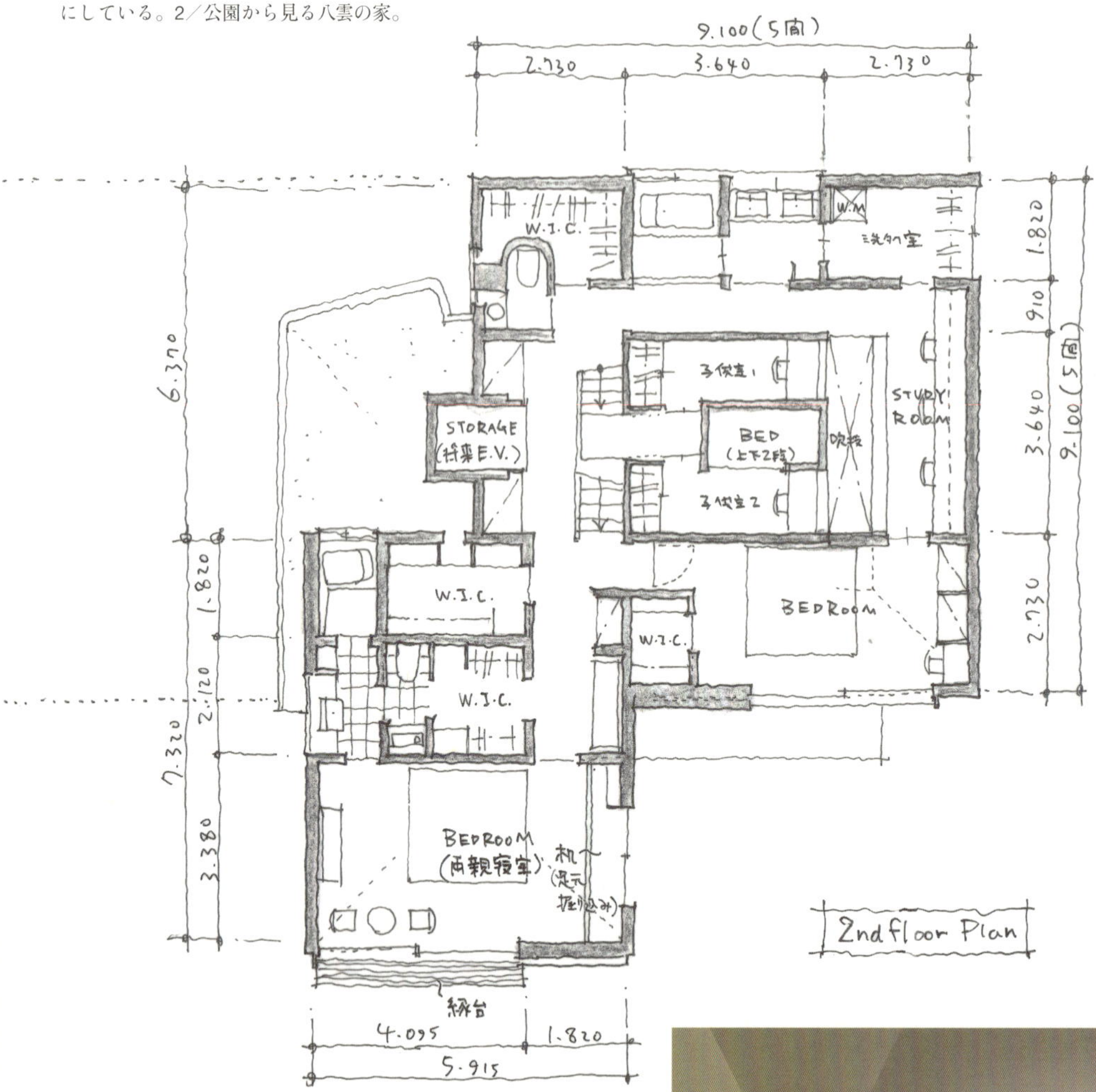

2

1

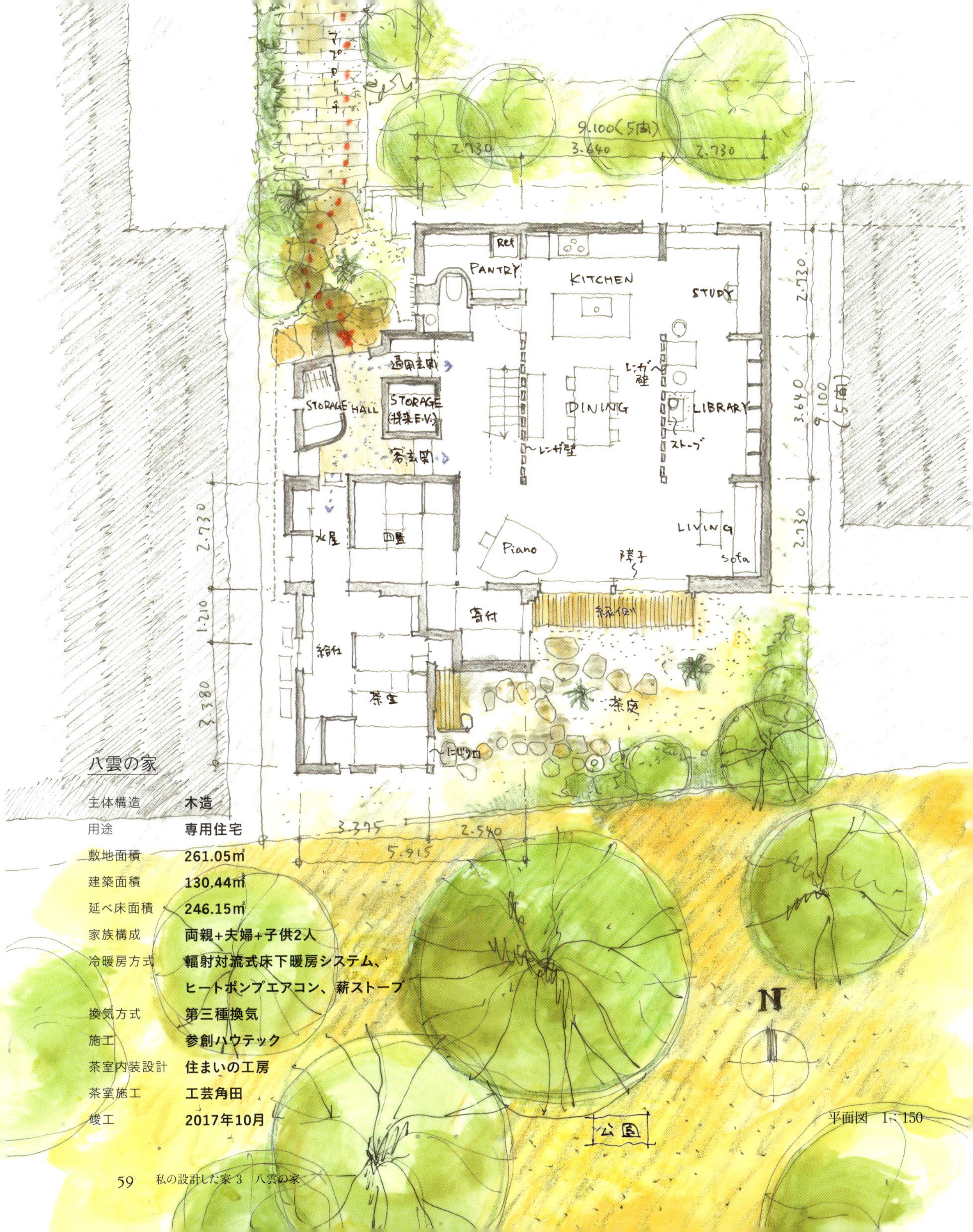

平面図　1：150

八雲の家

主体構造	**木造**
用途	**専用住宅**
敷地面積	**261.05㎡**
建築面積	**130.44㎡**
延べ床面積	**246.15㎡**
家族構成	**両親＋夫婦＋子供2人**
冷暖房方式	**輻射対流式床下暖房システム、ヒートポンプエアコン、薪ストーブ**
換気方式	**第三種換気**
施工	**参創ハウテック**
茶室内装設計	**住まいの工房**
茶室施工	**工芸角田**
竣工	**2017年10月**

ほどよい距離感をたもつ家族のノスタルジーがつまった家

古い家具や調度品が自然に馴染む。食堂。

ここは五十年ほど前に両親が買った土地で、私が生まれ育った場所でもあるんです。家自体は二度建て替えをして、堀部さんが設計してくださったこの家が三代目になります。現在は両親と私たち夫婦、それに小学生と二歳の息子の三世代六人で暮らしています。

以前の家は、九〇年代初頭にハウスメーカーにお願いして建てたもので、小さく区切られた部屋が並んだ、動線のすっきりしない家でした。さらに両親だけで暮らしていたところに、結婚した私たちが同居することになったので、荷物も増え、家の中がカオス状態に。子供も生まれ、もっとすっきりと気持ちよく暮らしたいという思いが強くなり、建て替えを決意しました。

最初はハウスメーカーに設計を依頼したのですが、母は茶室がほしい、夫は書斎がほしい、私は勉強部屋がほしい……とあれこれリクエストしたら、それらをすべて詰め込んだ、以前の家以上に込み入ったプランができ上がってきたんです。これは「すっきりした暮らし」とはだいぶ違うな……と思い、もう契約を結んだ段階だったのですが、違約金まで払ってキャンセルしました。

その後たまたま堀部さんの存在を知ることとなり、コンタクトをとってみたんです。堀部さんの設計されたいくつかの家を家族で見に行かせていただき、その都度家族で意見交換しては、堀部さんにもフィードバックして……という〝お見合い〟期間を経て、プランを出していただけることになりました。

悩みの種だったごちゃっとした間取りは、すごく上手に解決してもらったと思います。レンガの壁が空間をほどよく仕切りつつ、フロアでも階でも完全に分断されることがなく、家全体の回遊性がすごく良いんです。コーナーや廊下も書斎や図書コーナーとして活用できるよう設計してくださり、空間もミニマムで無駄がない。堀部さんは室温環境にもこだわられ、断熱気密性能を高めることに腐心

奥行きをもたせるとともに、
土地の高低差を解消するために弧を描くアプローチ。
玄関の庇の角はアール加工され、柔らかい雰囲気に。
外壁の色は建て替え前の家の色を継承している。

されました。お蔭でいまはホテルのように家全体の温度が一定で、どこにいても心地良いです。子供もはだかで走りまわってしまうほど。両親も身体がすごく楽だよね、と言っています。それぞれの空間に敷居もないし、老人から子供まで誰にとっても「やさしい家」という言葉が浮かんできます。

依頼の際には、もうひとつ、どこかしらに一軒目、二軒目の家の雰囲気を再現してほしいというお願いをしました。私たちはある種思い出とともに生きているような、非常にノスタルジックな家族なんです。それに七十代後半の両親に、何もかも真新しくして、思い出を全部捨てさせてしまうのは酷なことでしょう。堀部さんには一軒目の家の古い写真を見ていただいたり、二軒目の家には実際にお越しいただいたりして、家と家族の思い出をさまざまな形でお伝えしました。結果、一軒目の家と同じように、漆喰壁に木のサッシのつくりになったのです。大工さんが手づくりした一軒目の家の姿は、子供時代の幸福な思い出とともに深く記憶に刻まれていたので、とても嬉しかったですね。外壁は父の希望で、二軒目の家と同じ茶系にしてもらいました。家具もほとんど以前の家で使っていたものを置いています。古い家具も、居間のレンガ壁の重厚な感じや、床の色に違和感なく溶け込んでいて、新生活は、以前からこの家に暮らしていたようにごく自然に始めることができました。

普段夕食は家族全員が食卓に集まっていただいています。だから台所や食堂も一つ。食後も同じフロアで、子供は図書コーナーで宿題をしたり、両親や私たちは居間でおしゃべりしたり。ちょっと疲れているときは、すっと二階の自分たちの部屋に戻っていったり。全体が有機的につながりつつも、それぞれに居場所も確保できる。家族がほどよい距離感を保てるプランをつくっていただいたので、人間関係もとてもいい感じです。そうそう先日、飼い犬がパントリーの食料を大量に食べてしまって、私がすごく怒ったんです。そうしたら、息子と両親はそんなに怒らなくても……と、その晩はまるで〝被害者の会〟のように犬と彼らが一緒に丸まって両親の寝室で寝ていたんです（笑）。家族間でちょっと揉めごとがあっても、三世代でこういう家に暮らしていると、それぞれどこかしらに逃げ場を持てるのも良いことですね。

いまは家族が最大人数ですが、将来は減ってゆくでしょう。けれどこういったつくりの家なので、ガランとした感じにならず、新しい生活にも対応してゆけるだろうなとは思っています。もっとも息子たちはこの家をとても気に入っていて、将来は兄弟二人で暮らすんだ、なんて言っていますが。

郊外に暮らす

私の設計した家 4

秦野の家

正方形の二階建て部分と変形した五角形の平屋が組み合わさった家。写真は平屋部分の居間・食堂にあたる広間で、大らかな屋根形状が現れた天井と大きく切り取られた二つの掃き出し窓で構成される。壁は調湿作用に優れた桐材。床は足腰にやさしく柔らかな杉材。天井は屋根と同じく三寸勾配。窓の高さは二つとも1830ミリ。

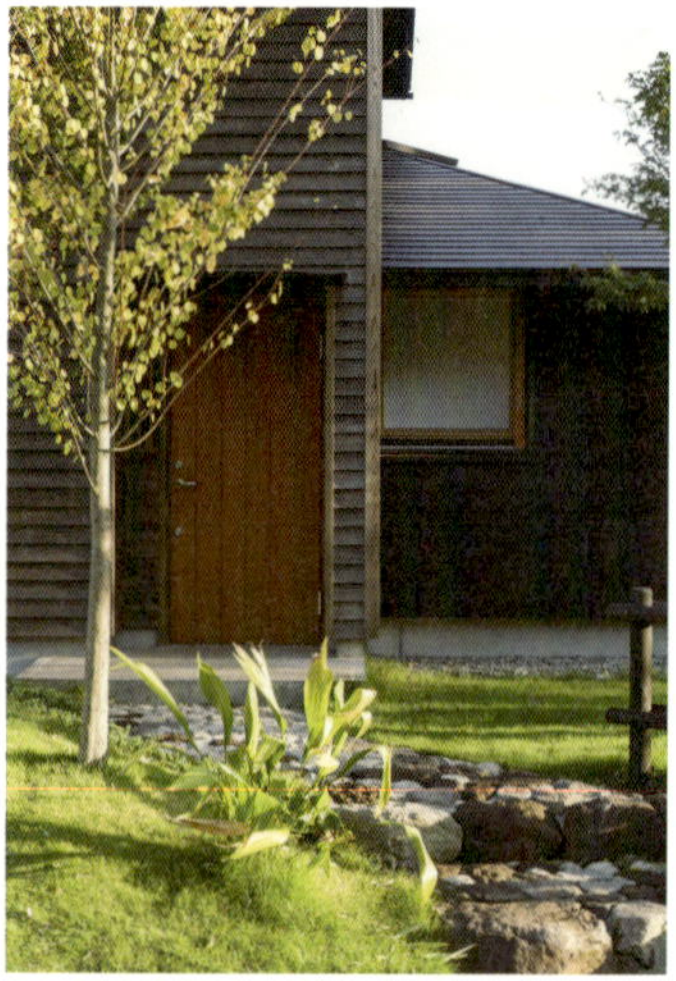

石敷きのアプローチと玄関（右）。日没頃の前庭と一体になったような広間（左）。

ランドスケープと呼応した住まい

東京新宿から電車でわずか一時間の場所にあるこの土地は、雑木林や畑も多く、豊富な自然に囲まれている。土地は高台にあり、日当たりや風通しも申し分なく、また敷地の西側にある雑木林が効果的に西日を遮ってくれる。大都市に近い便利さと空気のきれいな田舎の環境をあわせ持つ土地は、子育て世代の住まう場所としてふさわしいように思う。

はじめて敷地を訪れたとき、以前建っていた家はすでに取り壊されていたけれども、かつての庭の樹木は数本残されており、それらを活かすような計画をしたいと考えた。また真四角の平面形でなく、変形した平面形の建物の方が伸びやかなランドスケープの持ち味を活かせるのではないか、あるいは大地に根付いた平屋の部分があると敷地に対する建物の〝すわり〟がいいのではないかと思った。

結果的に建物は真四角の二階建て部分と、変形した五角形の平屋部分とが合体したような構成になり、それぞれ二つのスペースに特徴的な役割が与えられている。

二階建ての部分には水周りや収納や寝室といった生活を支えるスペースを凝縮し、それらを付加断熱（通常の柱間の充填断熱にさらに断熱材を加えること）ですっぽりと包み、屋根集熱やエアコンの熱を効果的に保温させている。窓も少なく外気の影響を受けにくい安定した温熱環境となっている二階建て部分に対し、平屋部分は庭との行き来が頻繁にある上、広がりながら外側へ展開する空間の性格とあいまって活動的なスペースとなっている。稼働率が高く内部発熱も大きいことや窓の開け閉めが頻繁に行われることから壁や開口部の考え方、断熱気密性能は二階建て部分とは変えている。

異なる二つのスペースが、用途的にも心理的にも温熱的にもお互いを補完しあう関係になっており、全体が均質ではない室内環境のつくり方に手応えを感じた。

前面道路の拡幅もあり、既存の塀は取り壊して道路との境界には牧場の柵のような丸太で組んだ簡単なものを設置し、敷地の角にクスノキを植えた。

この地にもともと植わっていた数本の樹木に加え、角に大きなクスノキを植えた。いまは下校途中の小学生が公園と間違えてその周りで遊んでいるという。

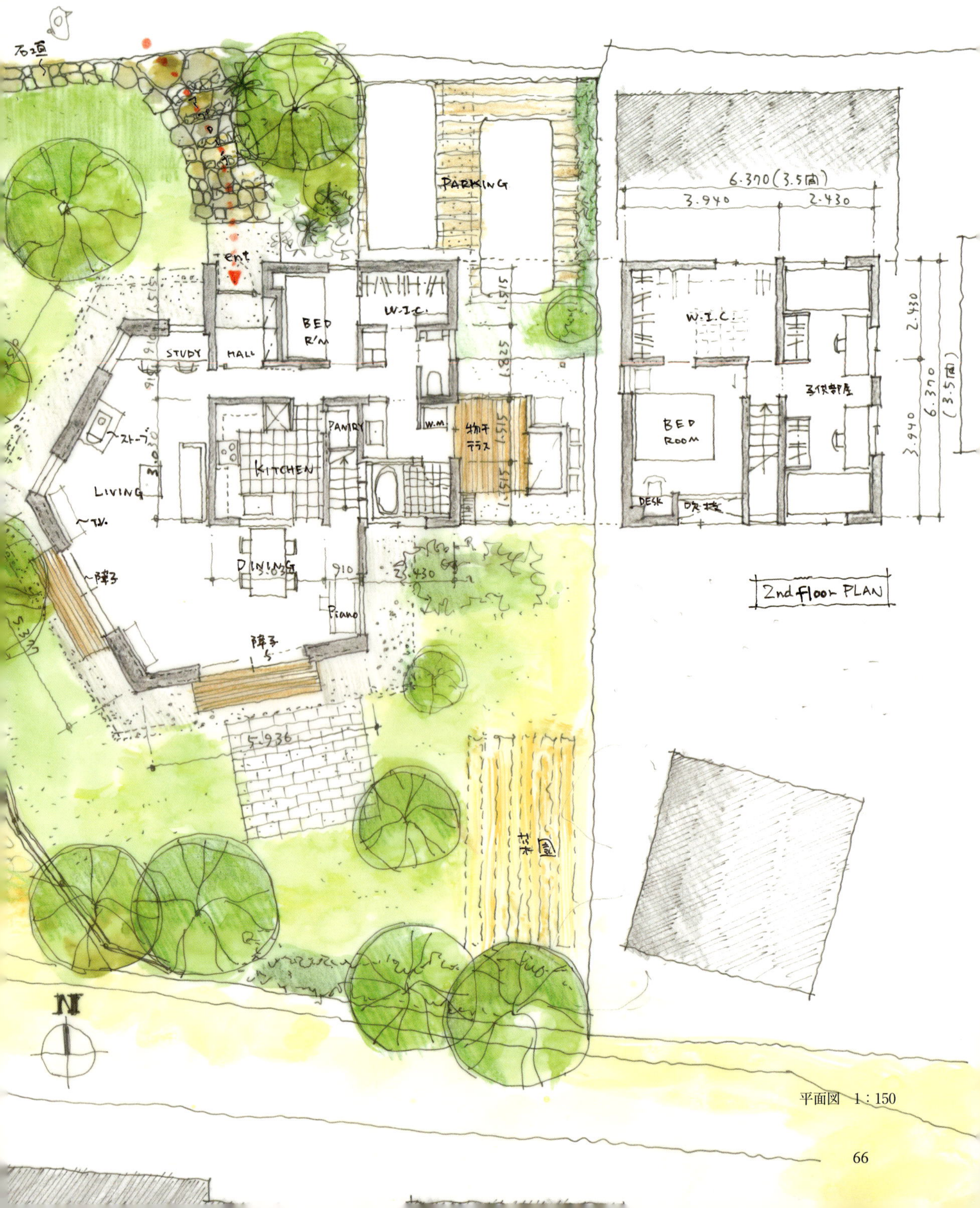
石垣
ent
PARKING
BED R'M
W.I.C.
STUDY
HALL
PANTRY
W.M
物干テラス
KITCHEN
LIVING
ストーブ
T.V.
DINING
Piano
障子
5.936
菜園
6.370（3.5間）
3.940
2.430
W.I.C.
子供部屋
BED ROOM
DESK
吹抜
2nd floor PLAN

平面図　1：150

秦野の家

主体構造	**木造**
用途	**専用住宅**
敷地面積	**558.51㎡**
建築面積	**96.78㎡**
延べ床面積	**130.95㎡**
家族構成	**夫婦+子供2人**
冷暖房方式	**ヒートポンプエアコン**
換気方式	**第三種換気、空気集熱ソーラー換気システム、薪ストーブ**
施工	**デライトフル**
竣工	**2018年2月**

1

1／青々とした前庭には近所の子供たちが自然に集まってくるという。2／開放的な広間だが、障子を引き出せば、ほどよく光をやわらげる。3／ガラス戸、網戸、障子はすべて戸袋に収納可。縁側は室内と庭をつないでいる。

3

2

4 本当の財産とは

無明の時代

資本主義経済、消費社会が加速し、ここ数十年で世界が利己的な弱肉強食型に大きく塗り替えられてしまったように感じます。強者の論理から外れたものは切り捨てられ、生きる場所を失ってゆき、価値の多様化とはうわべだけで実は画一的で平面的な強者の論理、価値、手法を知らず知らずのうちに植えつけられています。そして、強者の論理のほとんどは商売の損得勘定からつくられているのです。

市井の人々もさまざまな情報を得られるようになったことで、無知を自覚して、それを自省する間もなく自分は〝わかっている〟と錯覚し、謙虚さを失っている状態にあるように思います。言葉や概念だけでわかったような気になっており、本当に大切な体感をともなった理解、納得ができていないのです。仏教の教えではそれを〝無明《むみょう》〟と言っており、人を滅ぼす大きな煩悩であると戒めています。また〝利己〟という概念はこの宇宙では存在しないとも説いています。自分の利益のみを考えていては決して本当の利益は得られないからでしょう。自己中心的であれば自滅する道しか残されていないのです。

利他的な家

友人がマンションを購入しました。三階の窓からの眺めと環境が気に入ったからだそうです。その眺めは、向かいの木造家屋の瓦屋根越しに松の木をはじめとする庭木が見えるのどかな借景でした。借景のみならず窓からの光や風がとても気持ちよく、いたくその部屋を気に入っていました。

しかし住み始めて二年ほど経ったときにその家と庭は全てなくなり、代わりに敷地いっぱいに三階建ての白い箱型の住宅が建ちました。そこには一本の木も植わっていません。眺め、日

まるで巨大な肉食恐竜のようなビルの出現により、ヒューマンスケールの家や町は姿を消してゆく。風景、光、風、人の営為の気配は別のものに変わってしまい、土地や風景の記憶、思い出はいとも簡単に奪われてゆく。私たちはどんなものを百年後の人たちにプレゼントできるのだろう。この時代はいまを生きる人のためだけにあるわけではない。

当たり、通風はもちろんのこと、情緒や風情といったものも根こそぎ奪われてしまったということです。場所の価値がまったくなくなってしまったのでしょう。そのとき、彼は瓦屋根の家と庭木がいかに利他的なものであったのかということ、そして自分は風景を借りていただけで、自身の建物はその家に対しても周辺に対しても何もお返ししていない利己的なものであったということを痛感し、借りたら返すことをしなければ自分の利益は結局得られないのだ、ということを私に話してくれました。

過去と未来をつなぐ

目先の利益や有象無象の情報にとらわれ、思考が成熟せず軸足が定まらない現代において、原初的で知恵のある言葉に戒められ、そして救われることがあります。

誇りと謙虚さを兼ね備えたネイティブアメリカン、インディアンの言葉もその一つです。彼らの言葉は、誰にでも理解でき、誰もが心のあり方の基本とすることのできる滋味深くシンプルな〝おしえ〟です。例えば〝地球（土地）は親から与えられたものではない。子供達から借りているのだ〟〝何をなすのであれ、いまから七世代後の子供達への影響を考えなくてはならない〟。それらの言葉は、建築、町、風景をつくる仕事に携わるものにとって心に響く重要な意味をもちます。またインディアンには〝ｍｙ（私の）〟のような言葉と概念がなかったといいます。土地や風景や自然の恵みは一人が独占するものではなく〝みんなのもの〟という意識であったのでしょう。そしてそのみんなのものの中に未来の子孫も含まれているのです。いかに四次元的な広がりのなかで自分のするべきことを見つめているかがわかります。

あるいは古代ギリシャには〝建築家とは神に代わって風景をつくることを許された唯一の人〟という、建築家として重責を感じざるを得ない深い言葉もあります。どの言葉も自分の生きている時代のことだけを考え、その時代を生きている人だけの利益を求めるのではなく、もっと長いスパンで後世の人や子孫のために有益なことをするべきだという意味であるように捉えることができます。

いまを生きる人は、過去から未来へのリレーメンバーの一人であるという自覚をもち、後世にとって有益なバトンをしっかりつなげてゆかなければならないのです。言い換えれば地球上での人の本来の役割はそれしかないと言ってもいいのではないでしょうか。これまでの人の長い歴史の中で、このわずか数十年は、本来の人の役割を果たしていない異常な状況と捉えることができるように思います。

本当の財産

中華、イタリアン、フレンチ、エスニック……、いまは誰もが多くの種類の食材を手に入れることができ、そして食べることができます。それ自体はとても楽しく素敵なことです。しかし日本の白いお米や味噌汁をはじめとする素朴な料理を、もし食べることができなくなったら一体どうなるのでしょう？　心身にとって、風土や風景にとって、文化にとって、そして人の記憶にとって、あまりにも大きなものを失うことになるでしょう。一つの民族が滅びるといっても過言ではありません。一千年以上前の時代から受け継いできたものを、我々の時代の営為のせいでこれから先の子孫につなげられないことはとても罪深く、あまりにも利己的です。

人は得ることには敏感で、失うことには鈍感です。何かを得たら何かを失うことを考えなくてはなりません。そして本当の財産は決して失ってはならず、失う前からその価値の大きさを知り、失わない方法を考え続けなくてはなりません。その考えと行為は地味でつまらないものに映るかもしれませんが、失ってからでは手遅れであることを過去の歴史から学び、多くの人たちがその行為の大切さを共有してゆかなければならないと思うのです。さまざまな新しいものや外部のものを取り入れ、共生しながら、かつ決して失ってはならない本当の財産を一人一人が生活のベースにしっかりと据えて、体幹を整えてゆくことがいま求められているのではないでしょうか。そしてそれこそがベーシックハウスを考える根幹につながってゆくのでしょう。

コンクリートと木材

日本は国土の七割が森林です。豊富な降雨量や地形に支えられて良質な木材が育ち、それによって極めて質の高い大工技術や木造建築の文化が形成されてきました。また重要なことは木

3

1

4

2

材を育てるということは、すなわち森を育て、自然環境を循環させていることにつながっているということです。つまり〝建築すること〟が自然や風土や風景を守るための行為の一つであったのです。前章で〝あるものを活かす〟ということがパッシブデザインであると述べましたが、日本において木造の建築をつくるということは、その行為自体がパッシブデザインであると言えるでしょう。また木材は、石油などの資源に乏しい日本が持っている素晴らしい再生可能な資源であるのにそれを活かせない、使わない、持続させられないというのはどう考えても合理的ではなく、宝のもちぐされ以外のなにものでもないと思います。

戦後、瞬く間に多くの建物がコンクリート造に変わってゆきました。当時力を持っていた人たちにとって大変都合よく、儲かる工法だったことも手伝いました。役所、学校、幼稚園、病院、旅館、寺院、住宅……。加えて土木工事には大量のコンクリートが流され、国土を覆いました。しかし現在、屈強であったはずのそれらコンクリート造の建物や工作物が、日本の気候や環境においては、時間の試練に耐えられず脆弱さを露呈している光景を見ることが少なくありません。増改築、あるいは取り壊しがしにくいことにも原因があるように思います。その反省から木造が見直され、いまでは多くの用途の建物に木造が再び採用されはじめていますが、しかし見直されるまでの時間で大きなものを失いました。大工技術、職人の育成、林業の衰退、自然破壊……決してコンクリートが悪い材というわけではありません。どんな工法、材料にも一長一短があり、万能なものは存在しないのですが、当時「木造は古臭い過去のもので、コンクリートこそが地震にも火事にも耐久性が優れ、木造よりも高性能であるもの」という短絡的かつ目先の利益のための考えが席巻し、誰もがそれを鵜呑みにしたことが問題だったのではないでしょうか。強者の論理に傾くと、人は思考を停止させてしまうようです。学校教育、建築士試験において木造が軽視されてきたことも今後の反省にして、早急に改善してゆかなければならないでしょう。

国産材の住宅

現在、全国の木造住宅に使われている木材の過半は、実は国産材ではなく外材が占めていま

1／岐阜県中津川市の馬籠宿は、車両の乗り入れを制限することによって、旧宿場町の美しい町並みを保っている。道路は車のためではなく、歩く人のためにある。2／現代では車のための道が都市設計の中心となっており、歩行者の快適性が阻害されている。3／香川県高松市の栗林公園にある掬月亭（きくげつてい）は、山の懐に抱かれて謙虚に佇む姿が印象的。4／山を切り開き造成された新興住宅地と駐車場。自然との一体感に欠けた光景が広がる。

す。安価で安定供給ができる外材が重宝されるのは無理もないのですが、前述したように日本にとっての木造は、国土の自然環境の持続的な循環と密接に結びついているところに大きな意味があるため、外材のみに依存した木造住宅というのは、木造の魅力と意義の多くを失ってしまうように思います。外材の良さも理解し、それらと共存、共生しながらも依存しすぎることなく、あくまで木造住宅の考え方や素材は国産材をベースにし続けてゆくことが大切であるということを伝えたいのです。現代を生きる人にとって、国産材がもう時代遅れで何の価値もなければ、あるいは淘汰されていっても仕方がないのかもしれませんが、国産の無垢の木に触れられる生活は、そこで暮らす人の心身に驚くほどの効能を長い時間にわたってもたらします。国産材の代表格は万能で入手しやすい杉ですが、例えばこれを厚い板にして床に使うと腰痛や冷え性が治ったり、梅雨どきのジメジメがなくなったり、冬に体温が奪われにくくなります。このような高い性能をもつ建材は現代においてもまずつくれないでしょう。

また私たちと同じ水を飲み、同じ空気を吸って成長した木であるので、皮膚感覚や温度も共通しており、日本人にとって肌触りが良く馴染みやすいのです。この効能と感触を経験せずして死んでゆくのは、白いご飯の味を知らずに死んでゆくことと同じような勿体無いことだと思います。反対にこの素材の上で生活をした人の一生は、知らず知らずのうちにたくさんの自然の恩恵を心身に受けながらの充実したものになると言っても過言ではありません。

ではなぜこのような性能が高くかつ誰もが入手しやすいものがベーシックな材料にならないかといえば、割れる、反る、傷が付くといった杉の無垢材がもつ欠点をおおらかに許容できず、作用よりも副作用ばかりに注目し、クレーム回避をしてゆく体質が家をつくる人たちにあるからです。この体質もある意味とても利己的で自己中心的です。

人体にとって、人生にとって、そしてさらに後世の人々にとって、一体何が本当に大切なのかを知らず、教えず、理解せず、身体感覚で捉えることをしない、そんな状況はまさに〝無明〟の状態であるのではないでしょうか。

私の設計した家

北杜の家
池川の家

豊かな日照に水はけの良さ、
地盤の安定感――。
その土地の特徴を活かし
大地の恵みを大いに享受する。
快適性は保ちつつも、
生活の装備はコンパクトに、
土地とつながった暮らしをいとなむ。
自然豊かな土地に溶け込むように建つ
二軒の家です。

大地に暮らす

私の設計した家 5

北杜の家

向こうにはなだらかな山並み。手前にははざ掛けの最中の田んぼ。その狭間に、集落のようにかたまって建つ母屋、車庫棟、物見棟の三棟。かつてこの地には縄文人が住みついていたという。

1

2

1／母屋の居間のはめ殺し窓からは富士山ほか周囲の山並みをのぞめる。窓の上部には通風窓が設けられている。
2・3／食堂と台所。床は大谷石張り、天井と壁は杉板張り。母屋には生活に必要最低限の要素がコンパクトに収まる。食堂・台所の床は居間より150ミリ下がっており、台所から中庭へ直接、料理や飲み物をサービスできる。

小さな集落のような住まい

敷地に立つと、南に富士山、西に南アルプス、北に八ヶ岳をのぞむことができる。雄大な遠景を捉えることからプランを考え始めたけれども、どうもそれだけでは人が安心できる居場所、あるいは奥行きのある豊かな居場所が得られないように感じた。季節によっては砂埃や風当たりも強い。周囲からの視線などもある程度防ぎながら戸外の生活を楽しみたい。しかし環境には開かれていたいし、唯一無二の遠景も享受したい。そんなことを考えてゆくうちに三つの棟が三角形の中庭を自然につくりあげる構成が生まれてきた。

四間角の母屋、三間角の車庫棟、十尺角の物見棟、それぞれ大小の正方形の平面を持つ棟は相互に影響を及ぼしながら、もちつもたれつの関係をつくっている。中庭は閉じきってしまうことなく、棟と棟の輪郭をフレームにしながら大きな風景をも印象的に眺められるようになっている。各棟の軒高は極力抑えることによって中庭には親密なスケールが生まれ、雄大な自然の中での等身大の暮らしの営

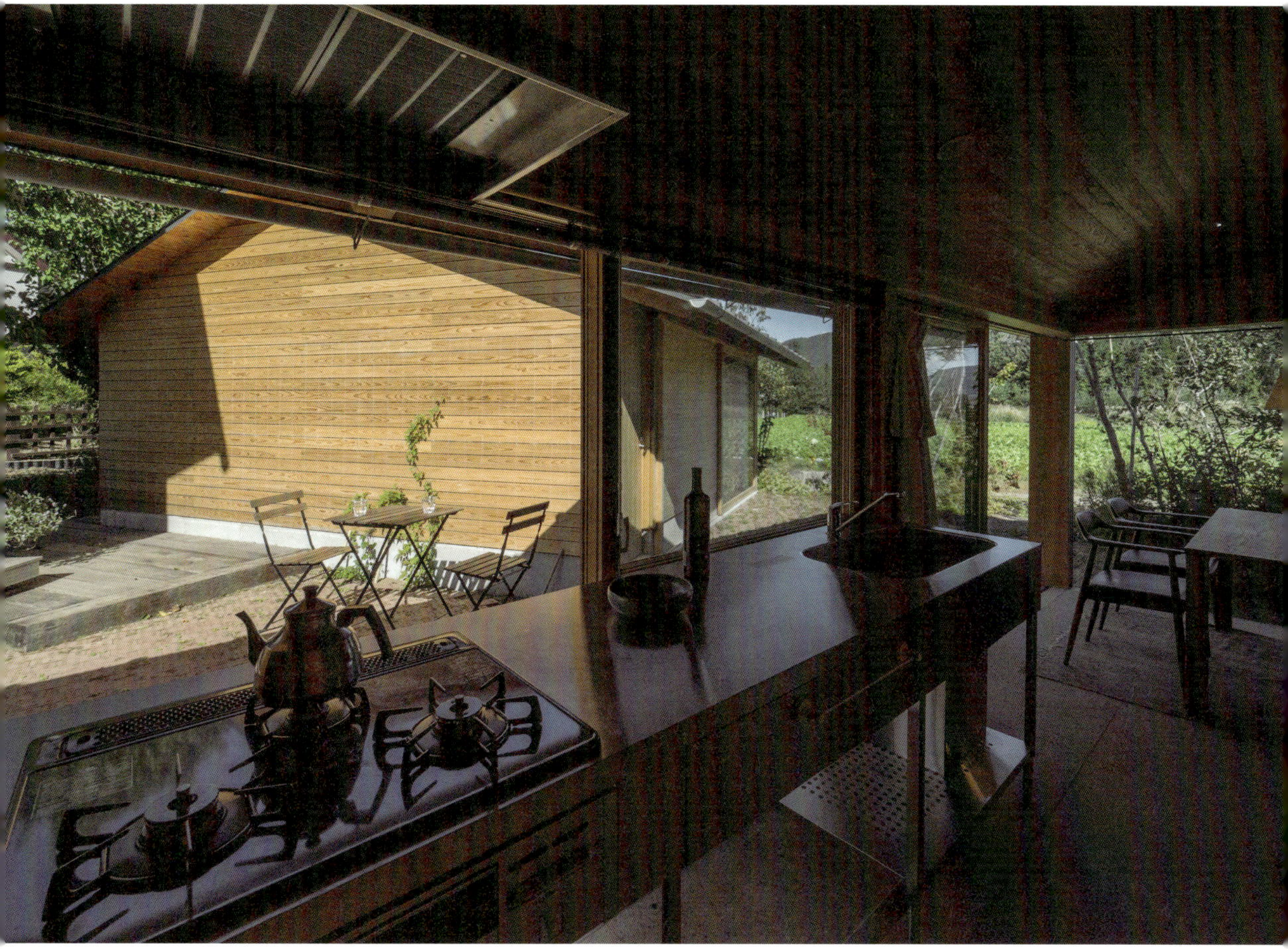

3

みに呼応する。あたかも一軒の家が小さな集落のような雰囲気と佇まいになっている。

集落における井戸のような、人の営みの中心にある存在を担っているのは、三棟の中心に配置したキッチンである。ここに立てば家全体を眺められ、気配を通わせることができる。また建具を開け放てばアウターキッチンになり、戸外の生活の心臓としても機能する。物見棟の一階には中庭に面した屋根のかかったテラスがあり、戸外の生活に快適に対応する。一方、二階からは三六〇度に展開する雄大な山並みを遠望でき、母屋からは距離をおいた独立した生活が可能になっている。

なお諸機能をコンパクトにまとめた母屋の屋根は正確に南面させ、日照率の高いこの場所の特徴を活かして空気集熱ソーラー換気システムを搭載。氷点下十度の外気温でも室温は十度を下回ることのない良好な温熱環境がつくられた。母屋に水周りを集約したこととあいまって、寒冷地ながら冬季の水抜きを必要としない別荘ができた。

北杜の家

主体構造	木造
用途	週末住宅
敷地面積	826.00㎡
建築面積	91.99㎡
延べ床面積	101.17㎡ （母屋53.00㎡　物見棟18.36㎡　車庫棟29.81㎡）
家族構成	夫婦
冷暖房方式	ヒートポンプエアコン、ガス温水式床暖房、薪ストーブ
換気方式	第三種換気、空気集熱ソーラー換気システム
施工	小澤建築工房
竣工	2016年11月

平面図　1：150

三棟に囲まれたスペースは、枕木や透水レンガを敷いた、正三角形の中庭となっており、家の内と外をゆるやかにつなぐ。

東側からの外観。背後には南アルプスの稜線がうっすらと浮かび上がり、車庫棟の明かりが簀子状に張られた外壁からもれる。

気持ちの良い南斜面に建つコンパクトな平屋。周囲の家並みとも馴染みが良い。屋根は三寸勾配の切妻。

山に暮らす

私の設計した家 6

池川の家

1

2

高知市から西に仁淀川を上った先にある山間部の町、仁淀川町池川。南斜面にあるこの土地は人が住むにふさわしい形質をもっている。燦々と降り注ぐ太陽の光、川から上がってくる爽やかな風、肥沃な土壌、豊富な水量と水はけの良さ、そして地盤の固さ。暑い夏でも夜には気温が下がり寝苦しい日はあまりない。ただ南国とはいえ冬は冷え込むので、その対策はしっかりとらなければならない。

建主はここで畑作をしながらこの土地をゆったりと楽しみ、しかし家自体はなるべく小さくしたいという要望であった。土地が広く、風景も開放感があれば家は物理的に小さくても決して小さな家にはならない。しかもそれが平屋であれば生活は土地とつながりおおらかな家になる。田舎だからこそ可能な大きな土地と小さな平屋の組み合わせは、人の住まいの基本というにふさわしいと思う。

延べ床面積は四間×五・五間の二十二坪。廊下はなく家全体がワンルームのようであるけれども、さまざまな人の心身の状況に対応できるように各部屋の配置、大きさ、つながりに留意してプランを練った。また農作業から戻って直接洗濯をしたり、浴室や洗面所に行けるように、勝手口を備えたユーティリティを充実させている。

ここでは子供が巣立った夫婦二人の家であるけれども、和室を子供部屋や個室にすることで三人以上が暮らすことも可能である。またシンプルなつくりゆえに建設費も抑えることができるので、〝地方のベーシックハウス〟として展開することも視野に入れた。事務所OBで、高知で活躍する梅原佑司氏と共同で設計した。

土地の力をひきだす小さな平屋

1／北側の寝室。天井や壁は杉と土佐漆喰が使われている。

2／勾配天井に包まれた居間・食堂。ここにも土佐漆喰や高知県の杉など地産の材を使い、工事費をリーズナブルに抑えている。南国とはいえ、山間地の冬はかなり冷えるため、地元の鉄工所がつくった安価ながらも燃焼能力の高い薪ストーブを設置している。天井高は勾配根元が1960ミリ、最高部は2700ミリ。

1

2

1／台所から居間・食堂をのぞむ。2／手前には住まい手が耕す畑が広がる。

池川の家

共同設計者	**梅原佑司建築事務所**
主体構造	**木造**
用途	**専用住宅**
敷地面積	**566㎡**
建築面積	**72.87㎡**
延べ床面積	**71.90㎡**
家族構成	**夫婦**
冷暖房方式	**ヒートポンプエアコン、薪ストーブ**
換気方式	**第三種換気**
施工	**西森工務店**
竣工	**2016年3月**

平面図　1：120

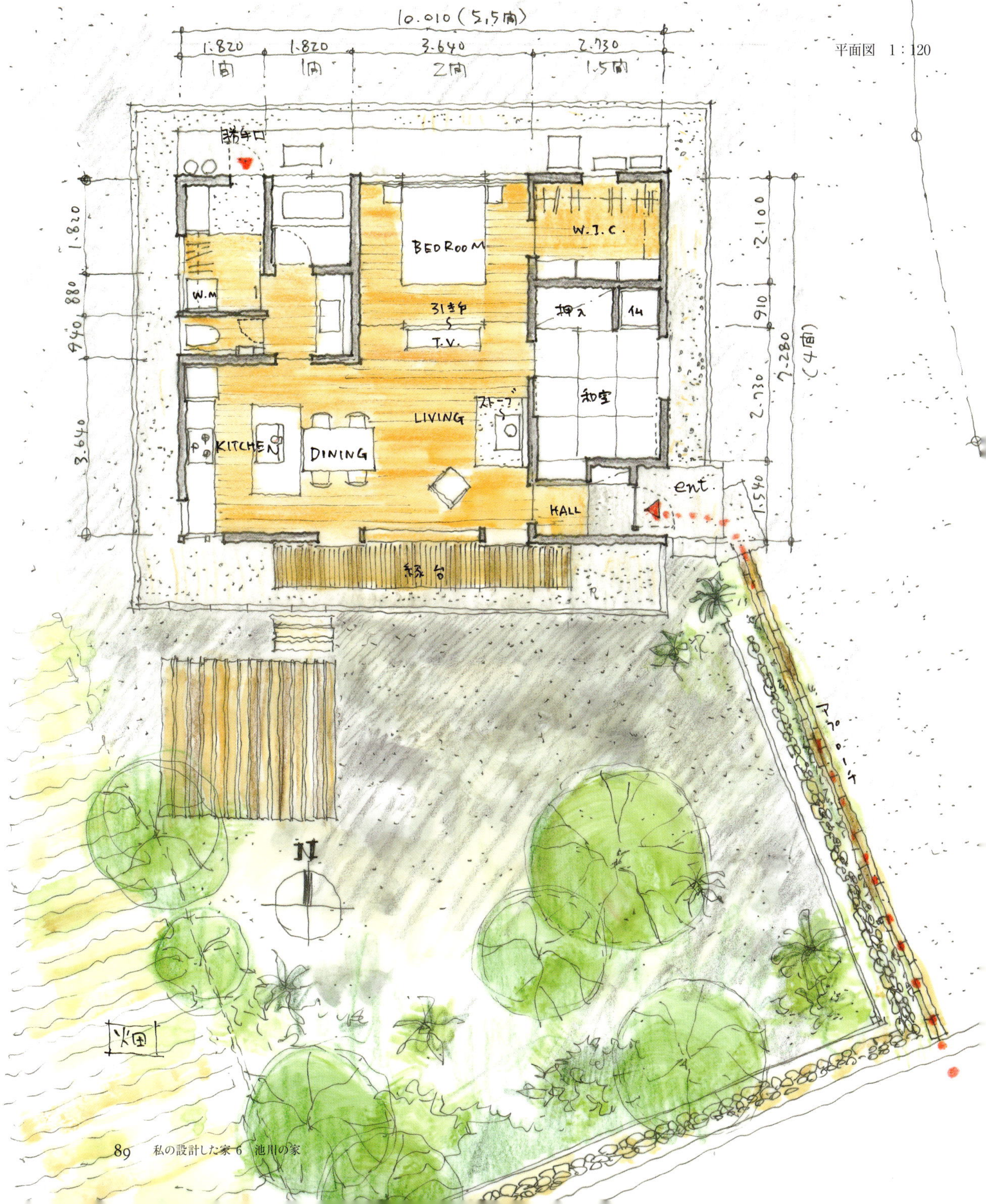
10.010（5.5間）
1.820
1.820
3.640
2.730
1間
1間
2間
1.5間
勝手口
BEDROOM
W.I.C.
W.M
引き戸
T.V.
押入
仏
和室
ストーブ
LIVING
KITCHEN
DINING
HALL
ent.
縁台
1.820
880
940
3.640
2.100
910
2.730
1.540
7.280（4間）
N
アプローチ
畑

5

住宅の寿命

六つのS層

現代の住宅の寿命はどのくらいと考えればいいのでしょう？　あるいはなるべくメンテナンスをしなくていい住宅は？といった質問をよくされます。

建築家としてこれらの質問に対しての答えを考えることはとても重要で、これからのベーシックハウスの本質を捉えてゆくことにつながると思います。

アメリカの作家スチュアート・ブランドは著書 *How Buildings Learn*（建築はいかにして学ぶか）の中で、建築は六つのSの層でできていると言い、それをわかりやすい図で表しています（右図）。

六つのSの層とはSite（敷地）、Structure（構造）、Skin（外装）、Services（設備）、Space Plan（空間設計）、Stuff（家具調度）で、最も寿命が長く、更新の速度が遅い層は線が太く、

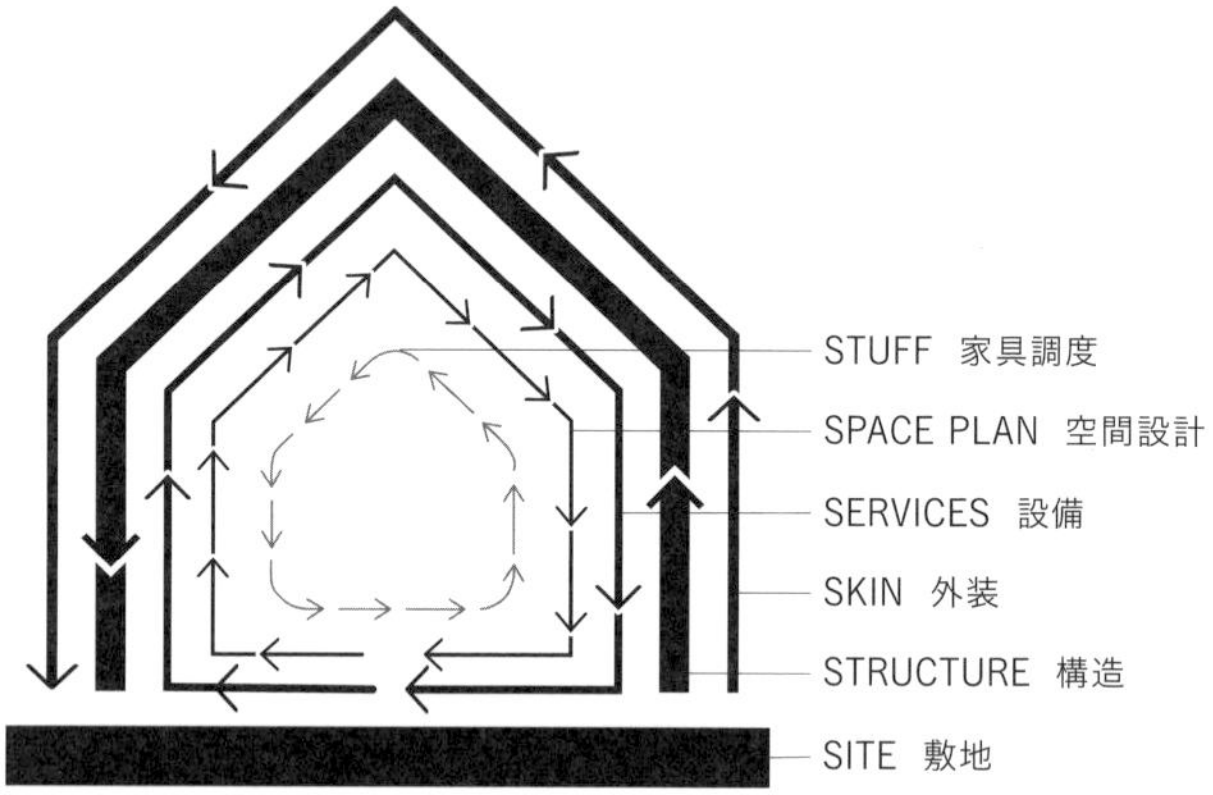

建築における六つのS層

Stewart Brand, *How Buildings Learn : What Happens After They're Built*, Penguin Books, 1995より

そこから寿命が短く更新速度が速くなるにしたがい線は細くなってゆきます。つまり住宅は層によって寿命や更新速度が違うので、その寿命を一概に言うことはできないのです。けれどもその層の役割と速度の違いを認識することは住宅の成り立ちや寿命を考えることにつながるでしょう。現代の日本の住宅事情と照らし合わせ、自分なりの解釈を加えながら順番に六つのSを説明してゆきたいと思います。

敷地

最も寿命が長く、変化しないものはSite（敷地）です。言い換えれば建ててしまった後に動かすことは基本的にできないので、後悔のないように慎重に敷地を選び、配置計画を練る必要があります。設計、施工、生活、全ての根幹をなすものであり、敷地がよければそれだけで魅力的な住宅になる可能性が高くなります。設計者は敷地を自由に選ぶ機会はあまりありません。ゆえにこの敷地選びは建主の最初で最大の大きな仕事です。あるいは都市計画や町づくりに携わる人にはぜひ魅力的な敷地をつくって欲しいと願っています。そして与えられた敷地の中での〝配置計画〟は我々設計者の重要な仕事で、この計画の如何で大きく住宅の質が変わってしまいます。

古今東西、いままでに感銘を受けた建築を思い返してみると、建物の素晴らしさはもちろんですが、それ以上に敷地や場所の素晴らしさ、そして配置計画の素晴らしさに感動している場合が多々あります。また構造的に華奢なのに何百年も何千年も建ち続けている古い建築が多く存在しますが、それらは地震などの自然災害が少ない土地をしっかりと選んで建てられているのです。昔の人は工法技術に選択肢がなかったため、間違いのない土地を選ぶことこそが大きな技術でした。しかし現代はハンディキャップを抱えた土地でも建設技術でねじ伏せて建ててしまうことができるため、土地に対する眼と感性が退化してしまったのではないでしょうか。

例えば本当に地震に強い家が欲しいのであれば、杭を打ったり免震構造にする前に、地盤のいい敷地をしっかり見極めて選ぶことが大事だと思いますし、本当に冬暖かく夏涼しい家が欲しいのであれば、日当たりがよく風通しがいい敷地を選ぶことがまずは大事なのです。余計な工事費はかからず、経済的で合理的でスマートで、そして省エネにつながります。またいい敷地は、土地の声に耳を傾けてゆけば自然に無理なく設計が進んでゆきます。そう考えると究極のパッシブデザインとは、いい土地を選ぶことなのかもしれません。何より土地に価値を見出し愛着をもつということは住宅の寿命に大きく関係してくるのです。

一方、老練の建築家が晩年こんなことを語っていました。〝いままで色々な構造の建物をつくってきたけど、一番優れている構造は木造だ。なぜならそれは移築ができるから〟と。木造の民家は移築され、宿や飲食店として生まれ変わっている場合もありますし、木造の寺院も境内の中で場所を転々としている場合もあります。そう考えると日本人にとって、建物の敷地は永続的なものではないという認識がどこかにあるのかもしれません。であれば移築してまでも残したいと思わせる魅力が建物になければなりません。そうでなければスクラップアンドビルドが進行するだけです。アメリカの絵本作家バージニア・リー・バートンが描いた有名な絵本『ちいさいおうち』も、周囲の環境が激変する中、建物そのものに魅力と愛着があったから、最後は〝移築〟という選択に至ったのです。

構造

次に寿命が長く、そう簡単に変えられない層がStructure（構造）です。ほぼ〝一生もの〟と捉えていいでしょう。それがSite（敷地）と密接につながっていることは前述した通りで、〝敷地あっての構造〟ということをしっかりと認識すべきでしょう。木造は移築できるということに加えて、増改築や減築が容易なところも優れていますし、日本の土地事情や生活にも適していると言えると思います。

戦後、人口が急激に増え、住宅供給が不足した状態で大量につくられた在来木造は、ずっと未完成なままでした。しかし現在では、木造住宅の構造上の弱点は大きく改良されました。その背景には大きな地震や自然災害の教訓があります。また、断熱気密に有利な工法と、昨今の〝面〟で構造耐力をとってゆく工法とがうまく融合して、ようやくここにきてベーシックな在来木造の構造の方法論が確立されて一つの完成形に到達したと考えていいように思います。

山奥の岩窟にまるで投げ込まれたかのような建物はその名も〝三仏寺投入堂（なげいれどう）〟。岩が庇状になっているので雨に濡れず、また強固な地盤に建てられているため、華奢な構造ながら、長寿を誇る。正確な建立時期は不詳だが平安時代後期一一〇〇年前後とも。土地選びの重要さを感じさせる木造建築。鳥取県三朝（みささ）町。

ただ、住宅における〝量から質〟の時代の到来はまだまだ先です。なぜなら性能と同程度に住宅に大切な〝情感〟が欠けているからです。その情感のために大きな役割を担うのが次のSkin（外装）なのです。

外装

外装の中で、日本の気候風土において最も重要な役割を果たすのが屋根です。雨、風、雪、日差し、火災など、住宅の部位の中で最も過酷な環境にあり、酷使され傷みも早い層です。ゆえに一番お金をかけて堅牢につくられなければならないはずですが、近年はそのことが軽視されているように思います。昔はどんな廉価な家でも屋根は瓦で葺いていました。瓦は古くからベーシックな素材でした。そのことで町並みが揃い、日本の自然と調和していたのです。もちろん情緒だけではなく現代における他の屋根材と比較してもきわめて耐久性が高く、瓦にすればほぼ〝一生もの〟の層になるといっていいでしょう。しかし大きな地震などで瓦が落ちる光景がテレビなどで放映されると、瓦は地震に弱いなどといった風評被害を受けるようになりました。それらの瓦は落ちるべくして落ちる施工がされていたのであって、現代的に改良された施工をすれば大きな地震でも瓦が落ちることはほとんどないのです。瓦の〝重さ〟はときに短所として見られますが、その重さが耐久性、防水性、耐熱性、遮音性といった性能の向上につながっていることを知ってほしいと思います。つまり長い時間人々に使われ、日本の原風景をつくってきた素材が現代においても有用性があることを知り、短絡的な見方だけで大切なことを切り捨ててしまわないでほしいということを伝えたいのです。

さて屋根の軒庇をしっかりと出せば、外壁は情感のある木の板や左官材で仕上げることが可能になります。軒の出寸法により、外壁のメンテナンスや更新の頻度は変わってきます。ところが、現代の住宅はあまり軒庇を出さないので、防汚性、耐水性において、ある意味優れたサイディングといわれるセメント質のボードがよく使われます。安価で施工が簡単というメリットもあるため、この数十年間で瞬く間に普及しました。しかし風土や風景となんの脈絡もない色や、石調、レンガ調、木目調といったフェイクな模様が日本の風景を醜く変えてしまったと

その土地の素材を利用した、景観的にも機能的にも優れた外装・外壁は現在も日本各地で目にすることができる。上は京都の町角に見られる瓦が埋め込まれた土塀。下は焼杉と漆喰で構成された岡山県倉敷市の民家の塀。

感じるのは私だけではないでしょう。自然素材による外壁が生花だとすると、自然とつながらない色、模様のサイディングはまるで造花のようです。安いからいい、楽だからいい、枯れないからいい、情緒はいらない、そんなふうに誰もが家をつくった結果、美意識を疑う造花だらけの風景になってしまったのです。どんな小さな家でも大切な日本の風景、文化の一部であることを誰もが認識して、日本の住宅の質をもう一度戻してゆかなければならないと思います。本当はこんなに美意識に乏しい民族ではなかったはずですから。

私はふたたび瓦屋根、自然素材の外壁材がベーシックな外装になれば景観がガラッと変わり、誇りをもてる日本の風景が戻ってくるのではないかと思っているのですが……。

設備

次はServices（設備）です。住宅の内臓や血管にあたるところで、給湯器、空調機、給排水、電気通信設備などを指します。太陽光発電パネルもこの層に入るでしょう。これらは七〜二十五年の間で、取り替えたりメンテナンスしたりして更新してゆかなければならないところです。特に技術の日進月歩はめざましく、空調機や給湯器は新しくなるごとに燃費や性能が進化してゆきます。つまりこれらは一生ものと考えずに更新を前提にし、あらかじめ取り替えやすいように、そしてメンテナンスがしやすいように計画することが大切です。

空間設計

Space Plan（空間設計）とは構造壁以外の〝間仕切り〟のようなものと捉えればいいでしょう。第2章でも詳しく述べましたが、家族の入れ替わりや生活の変化は目まぐるしく、竣工時の間取りがしばらくすると使いづらいものになることは、家を建てたことのある誰もが経験しているのではないでしょうか。子供は巣立ち、親は亡くなり、客は来なくなり、車はいらなくなり……。それらに対応できるように、壊すことのできる壁などをあらかじめ想定しておき、柔軟にプランが変更できるようにしておく必要があるでしょう。

家具調度

Stuff（家具調度）の層には家具、そしてテレビ、パソコン、スマホなどといった家電も含まれるでしょう。スマホやパソコンは更新のスピードは早いけれども、生活に密着した重要な存在になっています。また家具の配置を変える、すなわち模様替えのバリエーションが増やせる家は楽しく飽きない家につながると思います。さらに家具は考え方によっては最も寿命が長いものかもしれません。なぜなら本当にいい家具は、住宅の寿命より長く、新しい家に継続して持っていったり、子供の家にプレゼントして世代を超えて使ってゆくことができるからです。

さて、私はこれら六つの層のどれが重要というわけでもなく、どの層の役割も大切だと思っているのですが、寿命が短い層の方がより生活に身近で直接触れ合うため、その重要性が際立ち、反対に寿命が長い層は日常生活においては直接感じにくく見えにくいため、なおざりになる傾向があるのではないかと思っています。しかし線の太い層は取り返しのつかないところだからこそ、時間をしっかりかけて慎重に考えてゆかなければなりません。そうやって各層に対して適正なバランスで考えられた住宅の寿命はおのずと長くなってゆき、住宅が消費型からストック型へ変わってゆくことにつながるのではないかと考えています。

私の設計した家

中野のマンション

河内永和の家

住まいとは記憶の結晶のようなもの。
長年愛着をもって暮らしたその家を
間取りの不具合や設備の老朽化などを解消しつつ
新しい生活に適応させ、
この先も住み継いでゆきたい。
時代を超え、世代を超え、
家族や町の記憶も継承したい。
そんな思いに設計で応えるために
改修・改築の仕事は
大きな意味を持っています。

築二十五年の高層マンションの一室をリノベーションした。既存のものをなるべく活かしつつ、間取りは大きく変更。窓枠や天井、床には天然素材を用い、機能的かつ親密さのただよう空間に仕上げた。天井高は食堂が2640ミリ、奥の居間が2070ミリ。

都市に暮らす

私の設計した家 7

中野のマンション

全面改装された
マンションの一室

1／アルミサッシの手前に木製のガラス戸を設け、サッシとの間にはアルミ製のブラインドを入れた。断熱性遮音性も高まっている。2／食堂に面した台所。3／食堂の向こうは書斎と寝室。居間・食堂・寝室など各部屋を仕切る壁を取り払ったことにより、空間がつながり、動線が生まれ、都市のマンションにありがちな閉塞感が解消された。

2

1

不動産としては、築年数とともに価値が失われてゆく日本のマンションは、人口の減少と連動してこれから空き室が増えてゆくことが予想される。そんな中、年を経ても魅力や愛着を増してゆくような質の高いマンションの一室をつくることができれば、これからの時代に求められる〝あるものを活かす〟の一つの表現になるのではないか。

シニア世代が都市のマンションに住むということには多くの魅力がある。公共交通が発達しているので自動車がなくても気軽にどこにでも行くことができ、またバリアフリー環境や設備が整っているので老後の生活がしやすい。そして家の維持管理や治安上においても安心できる側面をもっており、都市においては一戸建てよりも合理的な住まいのあり方なのではと思う。

さて、マンションの改装は〝新しいデザイン〟が見つかる仕事でもある。マンションは共用部であるサッシ周りは変更できず、また水周りの位置も上下階との関係から大きく動かすことができない。戸建ての新築の仕事にはない、そんな制約があるからこそ生まれたデザインが多々ある。

例えば変更できないアルミサッシの室内側に新しく木製のガラス戸を入れた。情感を増し、断熱性能を向上させると同時に、それらの間にアルミ製のブラインドを入れて日射を遮蔽することができた。アルミサッシとアルミブラインドが同化することで、アルミサッシの存在感も軽減した。またサッシの開閉があまりないと判断した窓の室内側には飾り棚を設けて、サッシ窓をディスプレイ棚に変えた。

あるいは動かせない水周りの位置があるからこそ、それらをつなぐ動線を工夫、整理して結果的にいくつもの〝回れる動線〟を生み出すことが可能になった。さらに内装の不燃性が求められたため、不燃材を加工した天井材を新しくデザインすることもできた。

受け身にならざるを得ない状態から生まれる新たな気づきと手法は、一つのパッシブデザインなのかもしれない。

3

眺望を愉しむ、しつらえを愉しむ

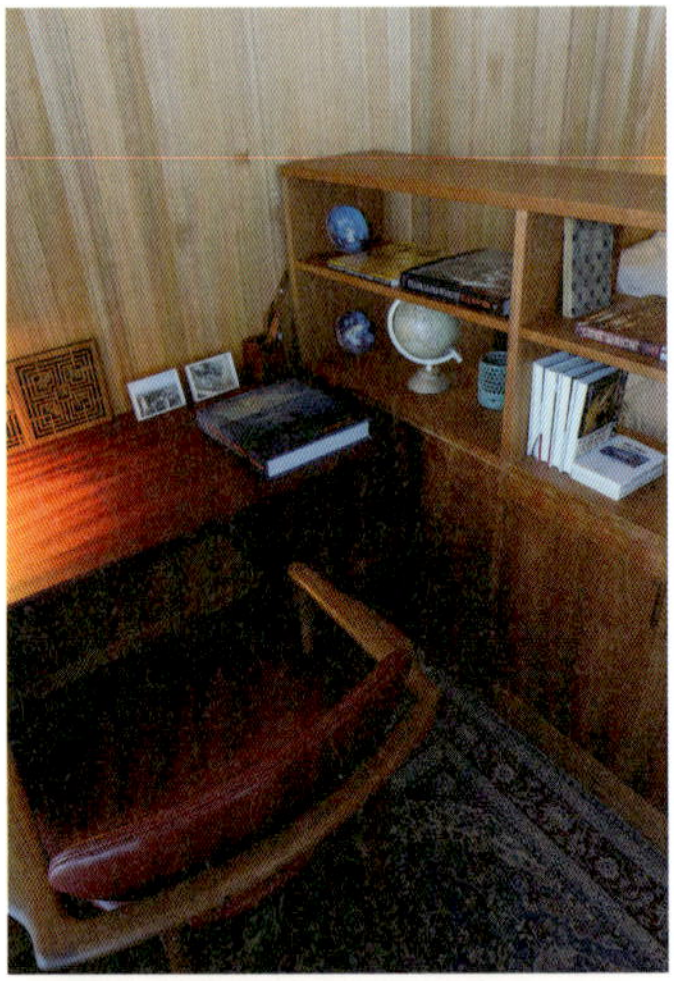

1

2

3

4

5

書棚や書斎などのインテリアには住まい手の個性が反映される。1／書斎。2／独立した北側の個室。3／ホールから洗面所へ。4／ホールの飾り棚。5／ブラインド越しに東京の街並みが映る。

改修前平面図　1：250

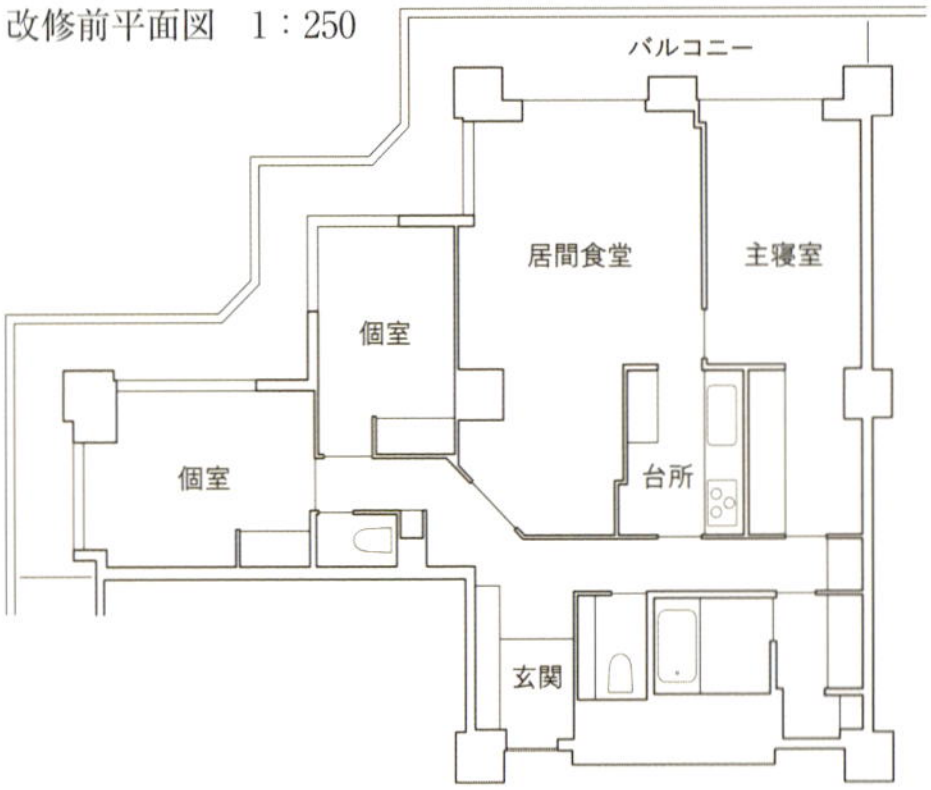

現在の食堂・居間にあたる一角の改修前（上）と後（下）。

中野のマンション

主体構造	**SRC造**
用途	**専用住宅**
改装部床面積	**99.59㎡**
家族構成	**夫婦**
冷暖房方式	**ヒートポンプエアコン、ガス温水式床暖房**
換気方式	**第三種換気**
施工	**公住工務店**
竣工	**2017年5月**

平面図　1：100

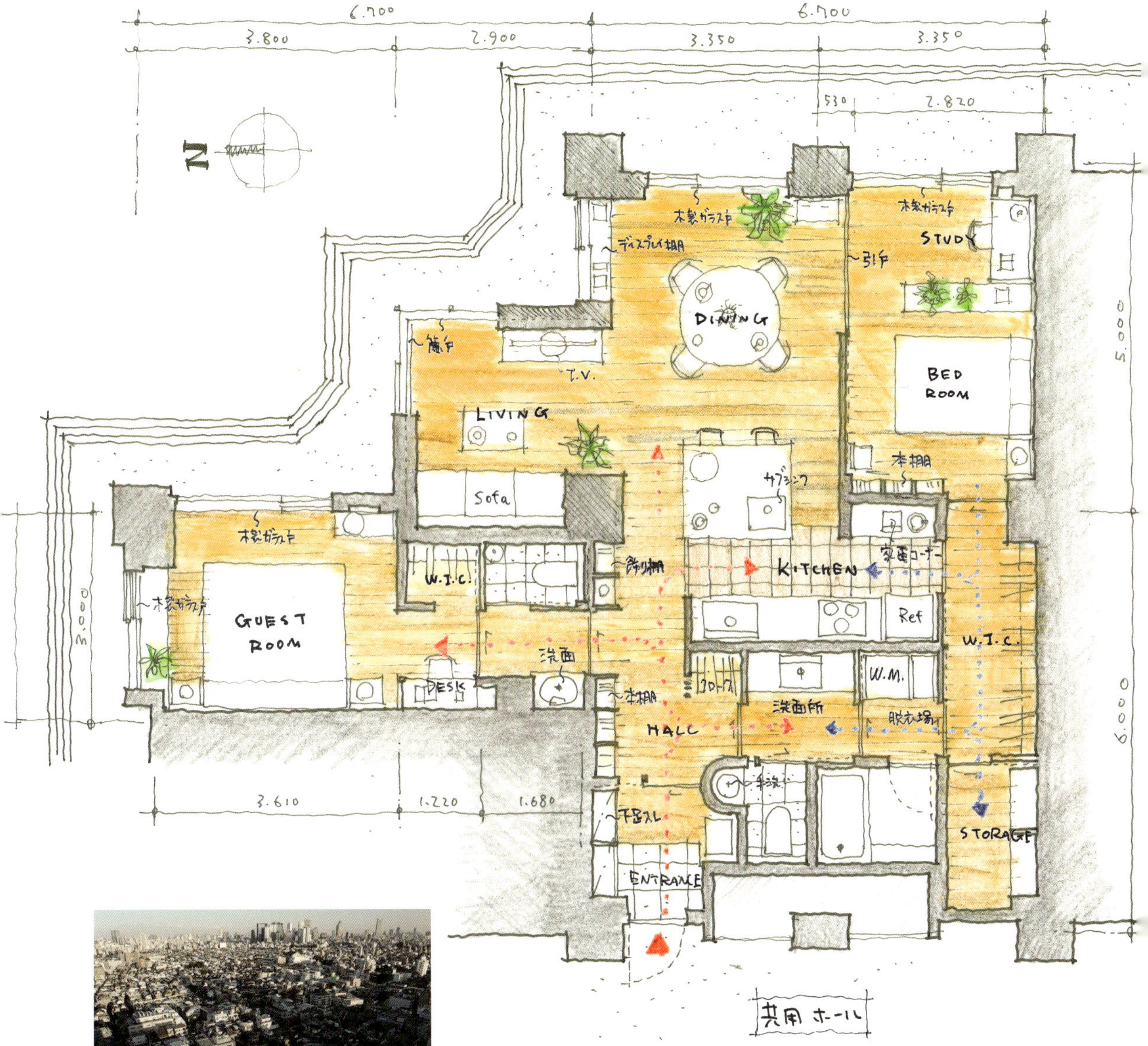

居間の窓から。

町に暮らす

私の設計した家 8

河内永和の家

築百年近い「はなれ」を改築した。建物はスケルトンにして、構造的補強を施しながら、間取りを大きく変更。断熱、蓄熱、調湿に優れた素材と技術を使い、現代の暮らしに適合した生活空間となっている。勾配天井の根元の高さは2060ミリ。居間の最高部は2640ミリ。

1／室内の壁の下地には竹を使い、土を塗り、漆喰で仕上げた。蓄熱、調湿の効果を図っている。2／新たに設けた車庫の入り口も既存の板塀に溶け込むようなデザインに。右手が復元したはなれの外壁。3／母屋からはなれにつづく板塀の風景には、この町の記憶が蓄積されている。今回改築した建物は右奥にある。

1

2

住み継ぐ古い民家のはなれ

大阪には大きな開発の波が届かない昔ながらの町がまだ残っている。大資本の店舗や高層マンションは少なく、人の営為や人情、そして歴史が色濃く町に溢れている。東大阪市の永和もそんな町の一つで、古い町屋や長屋、長く親しまれている個人経営店などによって町が形成されている。なかでも最も古く、築二百数十年になるという屋敷があるが、その一角の小さなはなれが、今回私が改築した建物である。

はなれの建物は老朽化し、また基礎が傾いていたこともあり新築をすることも考えられた。しかし建主は新築と同じぐらいお金がかかっても、いまある佇まいを残したいという意思が強く、今回の改築にあたっては骨組みの状態まで解体して構造を補強するけれども、建物の姿は以前とは変えず、元どおりに復元することを前提とした。

道路沿いの屋敷の景観はずっと昔から町の人に親しまれてきたものであり、ある人にとってそれは大切な原風景になっているかもしれない。そう考えると建物の外観

3

は町の記憶の継承のためにあることがふさわしく、けれども内部は最新の技術を使って性能を向上させ、現代の生活のためにあることがふさわしい。

窓の位置や大きさは支障のない限り以前と同じにして、内部にいても過去の記憶が窓から伝わってくるように考えた。また道路沿いの窓にはかつての鉄の格子に替えて、日射遮蔽に効果的で、かつ室内に明るさをもたらすアルミの簾をつけている。

古い建物の改築は、新築よりも大工の技術と良識、そして経験に基づいた判断力が問われる。同時に建主の理解と信頼が不可欠である。だがその難しさを超え、お互いが尊重し信頼し合った結果の改築の仕事には、大きな喜びと尊さがあるように思う。

〝変わらないこと〟の大切さ。〝変わるべきこと〟の重要性。二つの視点をつねに持ち続け、持続的な家・町・風景の価値を誰もが考えなければならない時代である。

2

1

3

1／正面の引き戸の建具には、籐シートを貼ったアクリル板を使用。玄関からの明かりがもれる。食堂の籐巻きの柱は屋根構造を支えるもの。2／台所。手前のカウンターの側面はレンガ積みに、食堂側は食器棚の木製扉になっている。3／玄関と食堂のあいだの引き戸脇の手すり。4／トイレの壁面は、土塗り壁の下地として使用される竹をそのまま仕上げ材にした。5・6／トイレと戸の取っ手。明かり小窓と引き手を兼ねている。7／寝室の天井には、既存の木の丸太梁をそのまま現わしている。

4

暮らしに調和する素材とデザイン

7

6

5

2

1

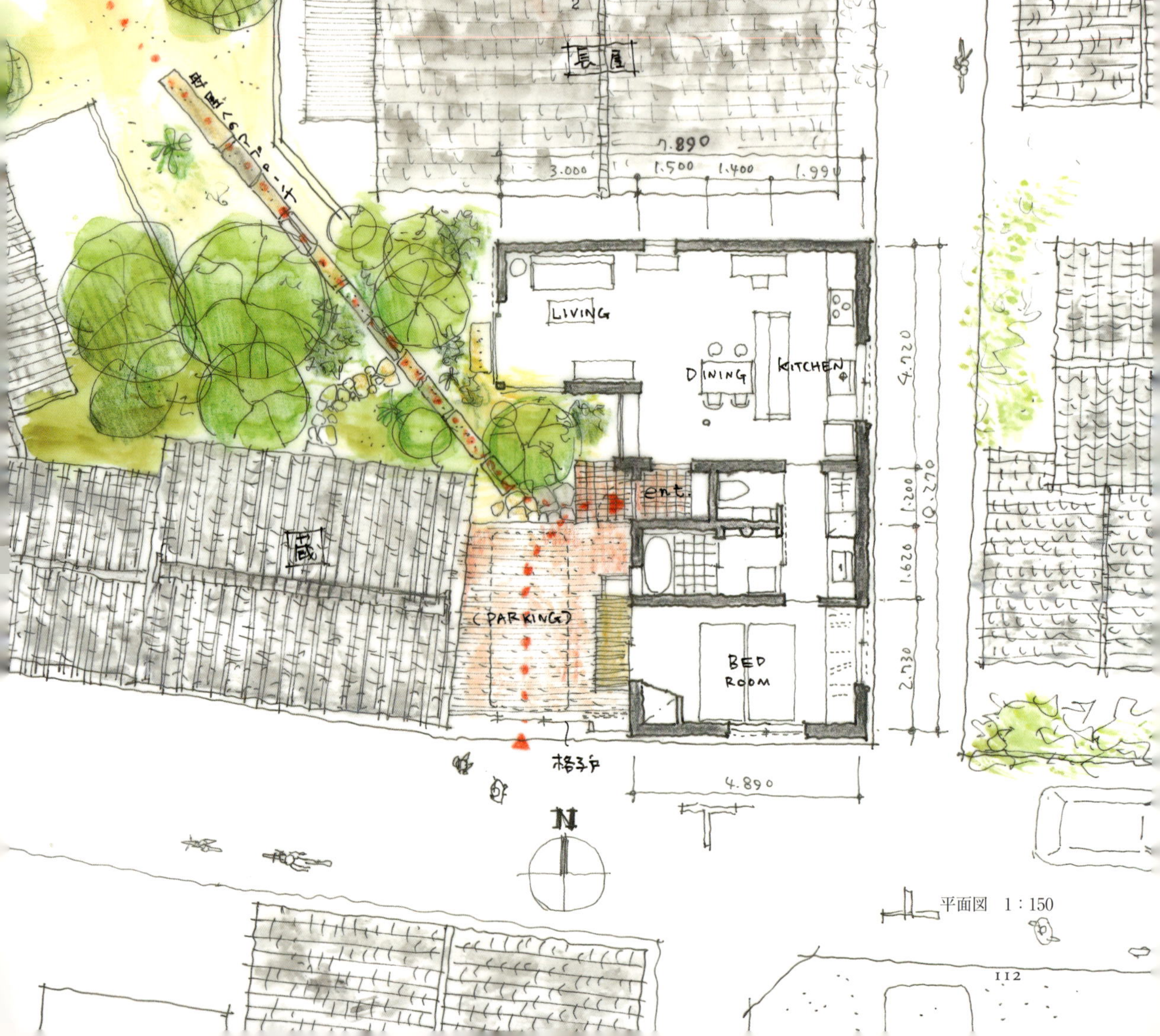

長屋
7.890
3.000
1.500
1.400
1.990
LIVING
DINING
KITCHEN
ent.
蔵
(PARKING)
BED ROOM
4.220
1.200
1.620
2.730
10.270
格子戸
4.890
N

平面図　1：150

河内永和の家

主体構造	**木造**
用途	**専用住宅**
改装部床面積	**59.87㎡**
家族構成	**夫婦+子供1人**
冷暖房方式	**ヒートポンプエアコン**（床下+ダクト）
換気方式	**第三種換気**
施工	**羽根建築工房**
竣工	**2017年9月**

3

4

1・2／改築前のはなれの外観と室内。3／建物の外観は以前とほとんど変わらないが、母屋からのアプローチには石畳を敷き、植栽をした。4／改築後の玄関。外壁の腰にはタイルを貼っている。

住み継いでゆくこと、住みこなしてゆくことのよろこび

母屋の築年数は正確なところはわからないのですが、二百数十年とも聞いています。はなれも、祖父母が新婚生活を送っていたと聞いているので、大正の頃には建っていたのでしょう。築百年近いかもしれません。

子供の頃は両親と私がはなれに、祖母が母屋に暮らしていました。私が中学にあがるのを機に、両親と私が母屋に、祖母がはなれに移りました。こうして世代交代をしながら母屋とはなれを家族で住み継いできたのです。両親はその後も母屋で暮らしていますが、私は結婚して家を出て、近所のマンションで十年ほど暮らしていました。やがて祖母が亡くなり、はなれは空き家になっていました。そこに家業を継ぐことになった私が、妻子とともにふたたび戻って暮らそうということになったのです。〝世代交代〟のタイミングだったのでしょう。ただはなれは空き家の期間が長く、室内はかなり荒れていたので、手をいれる必要がありました。

その頃堀部さんのことを「JA」という雑誌で知りました。すごく惹かれるものがあったので、手紙を書き、改築・改修といった依頼が可能なのかをお尋ねしました。これまでも少しずつ手を入れながら住み継いできた家だったので、新築という考えはなかったのです。そして母屋とはなれをご覧いただきました。すると母屋では古さを活かした昔ながらの生活を、はなれでは現代的な設備を整えてより快適な生活を、と一つの敷地内で補完し合うような暮らしをしてはどうか、と提案してくださいました。なるほどはなれの改築プランはもとの間取りから大幅に変更されたものでした。和室は居間

居間に暖かな日差しが入る。

居間の小さな開口部。
なんと改修前はトイレの窓だった。

や食堂に、台所は寝室に、温熱環境にもこだわって……と改築・改修でこんなに現代の生活に合わせた仕様にできるものなのかと目からうろこが落ちる思いでした。

仕事場が母屋にあるので、工事中は、屋根なら屋根職人、土壁なら左官職人、タイルならタイル職人……とたくさんの職人さんたちが時間と手間をかけ、家をつくってゆく様子を見ることができました。基礎部分もレンガ組みがずいぶん傾いていたのを水平に組み直したり、屋根も構造から補強していったり、工務店の方々の奮闘される姿も目に焼き付いています。家づくりの様子を実際に目にしたことで、はなれへの愛着はより一層深まったように思います。

そういえば母屋に住んでいた子供の頃、土壁が落ちるからドタバタするな、家が傷むから戸は静かに閉めろなどとよく怒られたものです。そのときは古い家って嫌だなあと思っていたけれど、いまは私も小学生の一人娘に「この家は人の手で大切につくられたものだから大事にしようね」と言っています。いつかわかってくれるだろうという思いを込めて。

すっかり生まれ変わった室内に対して、杉板の外塀や漆喰壁、瓦屋根などは以前と同じように復元していただきました。外から見れば子供の頃から慣れ親しんだ家の姿のままです。この地域は、我が家を含め古くから住んでいる方が多くて、たまたま古い町並みが残ってきました。しかし高齢の方も増え、最近では更地も増えてきているので、なおさらいまの町並みは大事にしてゆきたいなと思います。この家の外塀も町並みの一部として一役買っているのであれば、嬉しいことです。

はなれは必要なものをコンパクトに収めた空間で、床面積はそれほど広くないですから、収まりきらない荷物は母屋や蔵や門屋の方にも置いたりしています。普段も母屋とは頻繁に行き来をしていて、夕飯や家族の団らんに母屋の両親のもとへ行くこともしょっちゅう。娘は毎日母屋の祖父母に挨拶をしてから、敷地の正門を通って登下校しています。私がはなれにいた子供の頃もこんな風に祖母がいる母屋と行き来をしていたなあと思い出します。

ここに暮らしてちょうど一年。背伸びをせず、自然体で過ごすことができました。いままでも、これからも変わらずここで暮らしてゆくんだろうな、という安心感があります。

同時に自分たちなりの心地よい暮らしを模索しているような部分もあります。例えば日差しや庭の緑の移り変わりにあわせ、窓やブラインドの開け閉め、エアコンの使い方などを調節してゆく――。四季と一日のなかでの実感や気づきと、それにあわせた工夫を積み重ねてゆくことが私たち家族の大きなよろこびになっています。母屋も含め、この家をこれから先も時間をかけて住みこなしてゆくことができたらと思っています。

6 懐かしい未来に向けて

懐かしい場所

以前、興味深い話を聞きました。鉄筋コンクリート造の団地で生まれ育った小学生がはじめて田舎にある旧来の日本家屋に行ったときの話です。瓦屋根の下、縁側に寝そべり、庭や遠くの山並みを見ながら彼はこう言ったそうです。〝懐かしいね〟と。彼にとってみれば未知の新しい場所なのですが、すでに体験したことのある場所のように感じているかのようです。それはDNAに刷りこまれた風景なのか、あるいは幼少期に見聞きした日本昔話の絵本の画がずっと頭にあったからなのかわかりませんが、いずれにせよ琴線に触れる、情感溢れた実体的な場所に出会うことで記憶の回路がつながったのではないでしょうか。

ポルトガルに旅行したことがあります。はじめて行く国、はじめて行く場所だったのですが、そこで見た風景や人の営為はとても〝懐かしい〟と感じたのです。これも自分の中に潜在的にあった記憶の断片のようなものがつながったからでしょう。かつて自分の身の周りにあったけれどもいまは失われてしまった風景や人の営為がポルトガルにはまだある、という切ない喪失感もともなっていたように思いますが、しかしそれ以上にこの場所に出会えてよかったと思う喜びの感情がはるかに大きかったように記憶しています。そんな懐かしさの感情を抱くことができれば、その新しい場所は慣れ親しんだ馴染みのある場所になります。するとそこに安心感と寛容さを感じることができます。

そんな団地の小学生の話やポルトガルでの体験は、複合的で抽象的な懐かしさということで共通しています。場所や空間における〝新しさ〟と〝懐かしさ〟は隣り合わせであるということや、人の記憶の回路をつなぎ合わせることができる伝統、慣習が根付いた実体的な空間、場所の尊さと力強さを感じさせます。そしてまだ自分が訪れたことのない世界にも懐かしい場所は存在していて、それを発見できるということの喜びと可能性も感じさせてくれます。

建物と道と人が同じ温度を持つ、ポルトガルはモンサラーシュの町。懐かしい記憶が呼び起こされる。

一方、何十年かぶりに故郷に帰って食べる料理や、顔を合わせる家族、親戚や友人、そしてあらためて眺める風景に、直接的で具体的な懐かしさを感じる場合も多いでしょう。しかし久しぶりに出会う懐かしいものは以前出会ったものとは、正確にいえば異なっています。物理的な経年変化があるからではありません。それは自分自身が時間や経験を積み重ね、大きく変化したということなのです。例えば、当時は母の味や郷土料理、故郷の風景が好きではなかったのに、その後の時間の中で経験してきたことを客観的に相対的に重ね合わせてゆくと、実はこんなにも美しく、美味しく、尊いものだったのだということに気づいた経験は誰にもあるのではないでしょうか。それは自分の感情や視点がいまと昔では大きく変化したことで、久しぶりに出会うものや人の〝質〟や〝価値〟さえも自身が変えたということなのだと思います。〝平凡〟を〝非凡〟に変えたといってもいいでしょう。そしてその進化した感情、視点によって、伝統や慣習の中にある、人、営為、原風景を〝誇り〟に思うことができるようになっているのです。懐かしいという感情によって人生の中で新たな価値を見出したのです。それは懐かしさという感情の素晴らしい働きです。さらにこの〝誇り〟という感情はとても重要です。なぜなら人は、誇りに感じるものは自然と大切にしようとするからです。

人は記憶を頼りに生きてゆく動物と言われています。言い方を換えれば、懐かしさのような記憶に関わる情緒抜きでは人は生きてゆけないということです。懐かしさは、視覚だけでなく触覚、聴覚、嗅覚、味覚といった五感をともなった記憶が呼び起こされ、それと向き合うことでいまの自分の肉体、存在、歴史、居場所を肯定することができ、気持ちが未来にひらかれてゆく前向きで大切な感情と言われています。それが証拠に、人は負の感情を抱くものに出会ったときには決して懐かしいとは感じません。懐かしいものや人に出会ったときに、人は自然と笑みを浮かべていることが多いでしょう。懐かしさとは人の〝正〟の、そして〝生〟の感情なのです。

しかし、どうも私たちは懐かしさに対して認識を誤ってしまうことが多いように思います。〝懐かしの昭和〟〝郷愁誘う町〟〝懐かしのおばあちゃんの味〟。それらの言葉からは〝昔はよかった〟という懐古的な眼差ししか感じられず、前向きな姿勢や未来への可能性のようなものは

フィンランドの森や湖は、原則として誰もが自由に散策したり、狩りや釣りをしたり、その恵みを享受する権利が保障されている。

あまり伝わってきません。過去は過去のものとして缶詰に閉じ込めたような、博物館のケースの中に入れた展示品のような扱いにされてしまっています。また町づくりや建築においても懐かしさや郷愁のイメージをわざと誘うようなものも見受けられます。それら固定的な〝懐古の商品化〟や〝郷愁のパッケージ化〟は、かえって人のイマジネーションを閉ざしてしまう危険をはらんでいます。

記憶の拠り所

さて私たちは戦後、〝変わること〟が豊かさと明るい未来を手に入れることだと信じてきました。もちろん変わらなければならないことも多々あったと思いますが、〝変えるべきこと〟と〝変えなくてもいいこと〟を整理せずに急進的に走り続けてきたように思います。急速な変化は自然風土やかけがえのない人の営為を壊し、人の記憶にとって大切な〝原風景〟を奪ってゆきました。懐かしいという前向きな感情を抱く間も許されていなかったかのようです。またいま、人が毎日ほとんどの時間見つめているものはスマホやコンピュータのモニターの奥に広がる膨大なデータの世界です。それらは人の情報処理能力をはるかに超えるスピードで膨張し、そして更新されてゆきます。そんな中、私は世の中が更新し続けるもので埋め尽くされてゆけばゆくほど建築こそは動かずにじっとしていて、慣れ親しんだ変わらない価値を示すものでなければならないという思いを強くしてきたのです。言い換えれば、建築さえも急進的に更新し続けるだけの存在になってしまったら、人は何を記憶の拠り所にしてゆけばいいのかわからなくなってしまうのではないでしょうか。建築こそ、人の五感の全てが実体として集約されており、人の記憶を宿し、そして呼び起こす能力がきわめて高いものなので、その役割をしっかり果たさなければならないと考えています。

私の住宅設計は自分の五感をともなった体感の記憶が根幹にあります。縁側で寝そべっていたときの風の快適さ。暑い夏、土蔵の中に入ってひんやりした体感と土の匂い。薄暗いところ、狭いところの安心感。寒い冬、暖炉の火を囲んだときの輻射熱の暖かさ。木でつくられたガラス戸を開けるときの触覚や、無垢の木の床から足に伝わる感覚。穏やかな山の斜面に気持ちよ

クルーズ船・guntû（ガンツウ）の縁側空間と屋根で切り取られた瀬戸内海の風景。これまでの建築体験の記憶が設計の源流となっている。

さそうに佇んでいる集落を見るときの心地よさ。このような体感の記憶なくして私は設計することができません。そう考えてみると設計とはいままで見たことも感じたこともないものをつくり出す行為ではなくて、すでに見て感じたことを、体感の記憶を頼りにいまに再現する行為と言えるのではないかと思います。私にとって、それらの確かな体感は現代の建築空間からではなくて、古《いにしえ》の建築空間から得られることがほとんどです。なぜならそこには、時間の試練に耐えた慣習、良識、叡智が堆積しており、個人の理性を超えた普遍的な体感を、深い情感をともなって得ることができるからです。

そして〝居心地のエッセンス〟は昔からいまに至るまで実はそんなに変わっておらず、またそんなに種類があるわけでもないと思っています。昔の人といまを生きる自分たちとが変わらない同じ心地よさを共有しているのだ、と考えることができれば、設計をすることに確かさと喜びを感じられるようになります。そのような喜びと手応えを感じて住宅をつくると、住まい手にも新築時からすでに懐かしさや、馴染みの良さ、あるいは寛容さを感じてもらうことができるようになります。決して特定の家族や個人の直接的な思い出や懐かしさを物理的に表そうとしているわけではありません。昔の人との体感の共有が得られるような質を追求すれば、自然と現代における他者ともしっかりと共感できるということを表したいと思っているのです。

反対に体感の記憶をともなわない、時間の蓄積がない、慣れ親しめる要素がない、そんな概念的、恣意的、想像的視点によって住宅を考え表現してゆくと、住宅にたくさんの贅肉がつき、とても複雑でわかりにくいものになってしまいます。大切なものが見えにくい家に安心感や包容力、寛容さを感じることはないでしょう。

住宅の未来

次のグラフは日本の人口推移を表したものです。まるでジェットコースターに乗っているかのようです。私たちが生きている時代は歴史的にも過渡期にあり、これまでの急上昇から、一気に急降下してゆくことが高い確率で予想されます。これは人口のグラフですが、同時に建築、道路、土木といった人工物の数、あるいはエネルギー使用量、そして失った自然の量も比例しているでしょう。

しかしこの先、人工物は人口の減少と連動して激減してゆくとは限りません。近い将来、人口が終戦後と同じレベルになっても、建築や道路の量が同じように減ることはないでしょう。ゆえに急上昇した時代に生み出された正の遺産はこれからの時代もしっかりと活かし、負の遺産は知恵によって正の遺産に変換してゆくことが必要です。産業遺構を観光地として蘇らせたり、車の通行がなくなった道路を人の憩いの場所に直してゆくようなことがますます重要にな

日本の人口推移

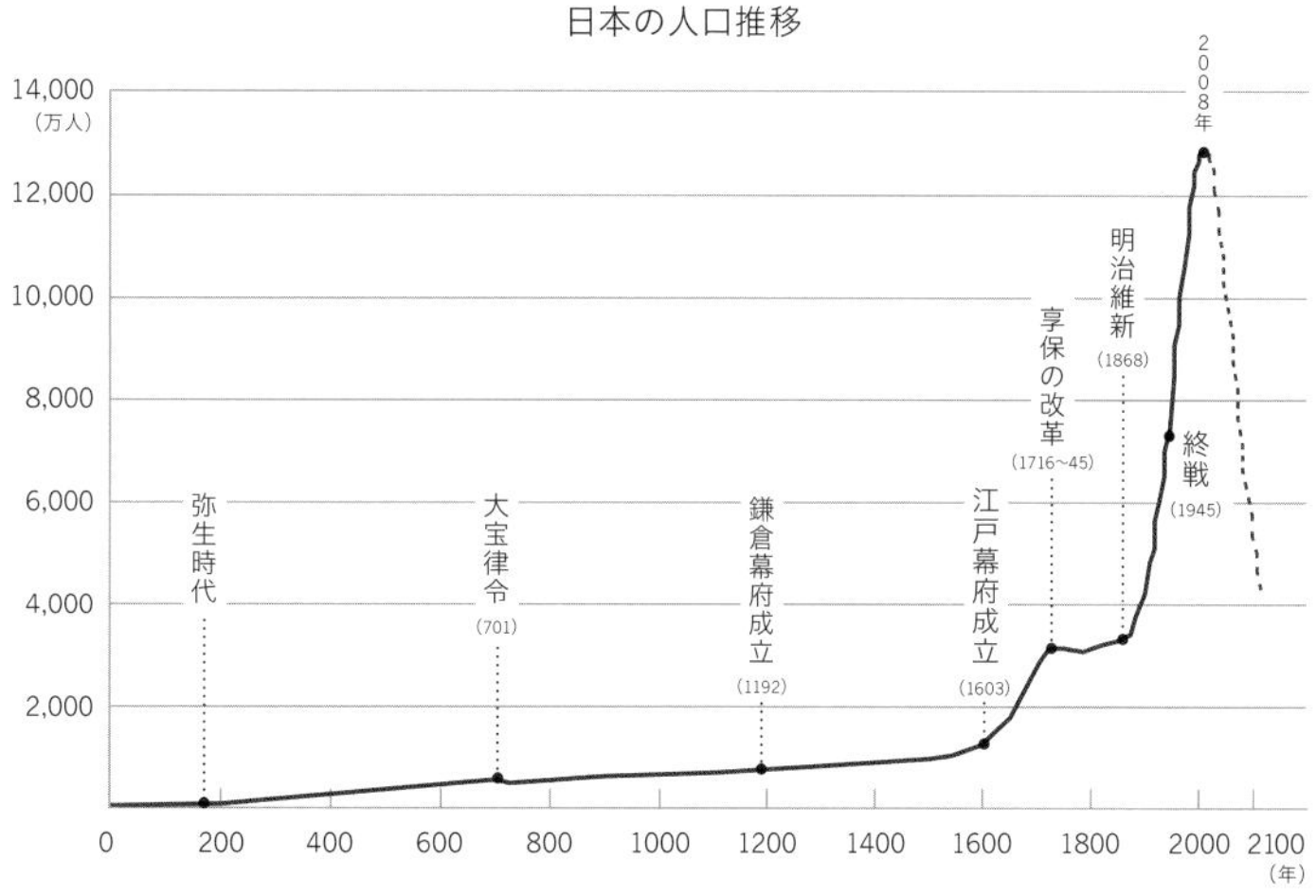

（出典）
『図説　人口で見る日本史』（鬼頭宏著、PHP研究所、2007年）、「我が国人口の長期的な推移」（「国土交通白書」所収、2013年）のデータをもとに作成

ってくるでしょう。しかしそれでも活かせない人工物は積極的に取り壊してゆかなければなりません。そうしなければ国全体がゴーストタウンになってしまいます。急進的にいかないまでも漸進的に人工物を減らすことを心がけてゆくことが求められています。いずれにせよ、これ以上計画性のない人工物の増設や自然破壊は控えることを基本としなければなりません。

このような時代に住宅を新しく建てるときには、建設に関わる誰もがいままで以上に慎重に過去をふまえて未来のことを考えなければならないように思います。量より質の時代になったことは一目瞭然です。これからのベーシックハウスには歴史を見つめた質と持久力が備わっていなければならないのです。

一方で、これからの時代は人工物の減少と連動させて失った自然をかつての姿に戻してゆけるチャンスと捉えることができないものでしょうか。自然を元の姿に戻すということが、生活の質の向上のためにも、町づくりの魅力のためにも、あるいは観光のためにも有意義になってくるのではないかと思います。それと経済効果が結びつく仕組みと実績をつくることができれば、風景と自然を元に戻すことは現実味を帯びてくるのではないでしょうか。人口が急増する以前の日本の風景は息をのむほど美しかったといいます。急増した人口の受け皿としてつくった人工物によって止むを得ず破壊した森や河川や海。それらが元の姿になったら、住宅もそれらとともにある情感豊かな姿に自然に戻ってゆくことができるかもしれません。それは豊かな人の記憶を育み、誇りある原風景を形成してゆくでしょう。

〝蛙は自分が棲んでいる池の水を決して飲み干すことはしない〟。これも先にふれたインディアンの言葉です。

懐かしい未来に向けていま、私たちが考えられること、できることはまだ残されています。

懐かしい未来に向け、私たちはどんな風景を残してゆけるだろうか。

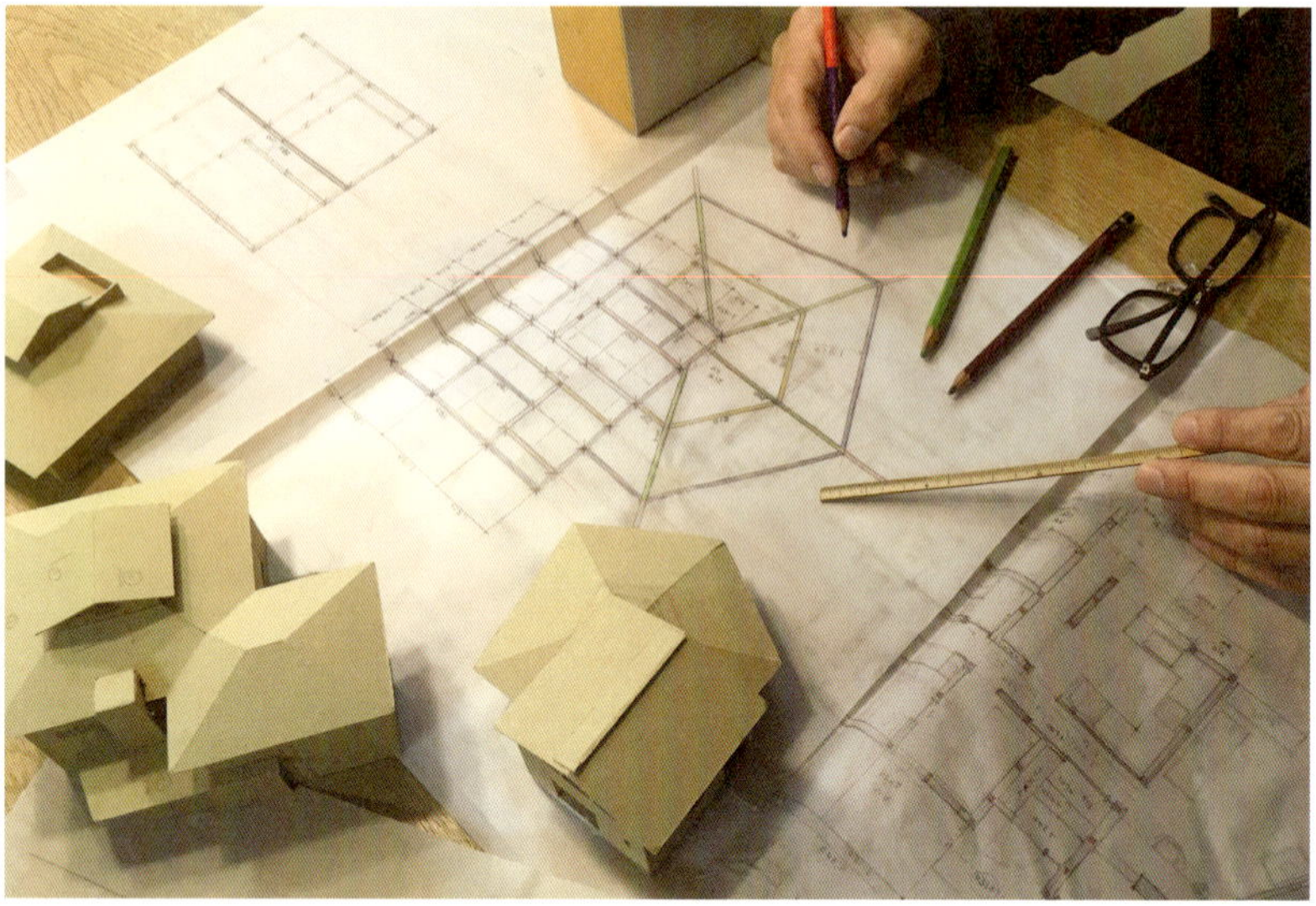

文・写真・図面・スケッチ

堀部安嗣　ほりべ・やすし

建築家、京都造形芸術大学大学院教授。一九六七年、神奈川県横浜市生まれ。

筑波大学芸術専門学群環境デザインコース卒業。

益子アトリエにて益子義弘に師事した後、一九九四年、堀部安嗣建築設計事務所を設立。

二〇〇二年、〈牛久のギャラリー〉で吉岡賞を受賞。

二〇一六年、〈竹林寺納骨堂〉で日本建築学会賞（作品）を受賞。

二〇一七年、設計を手がけた客船〈ｇｕｎｔû（ガンツウ）〉が就航。

同年、「堀部安嗣展　建築の居場所」（ＴＯＴＯギャラリー・間）開催。

作品集に『堀部安嗣の建築 form and imagination』（ＴＯＴＯ出版）、

『堀部安嗣作品集　１９９４-２０１４ 全建築と設計図集』（平凡社）。

主な著書に『建築を気持ちで考える』（ＴＯＴＯ出版）、
共著に『書庫を建てる　１万冊の本を収める狭小住宅プロジェクト』（新潮社）など。

ブックデザイン
櫻井久（櫻井事務所）

本書は、「波」の連載
「ベーシックハウスを考える」
（二〇一八年五月号～十月号）に加筆修正し、
「私の設計した家」等を増補したものです。
「住まい手インタビュー」は
談話をもとに編集部がまとめました。

住《す》まいの基《き》本《ほん》を考《かんが》える

二〇一九年四月二十五日　発行
二〇二四年六月十五日　五刷

著　者　堀《ほり》部《べ》安《やす》嗣《し》
発行者　佐藤隆信
発行所　株式会社新潮社
〒一六二-八七一一　東京都新宿区矢来町七一
電話　編集部　〇三-三二六六-五六一一
読者係　〇三-三二六六-五一一一
https://www.shinchosha.co.jp
印刷所　大日本印刷株式会社
製本所　大口製本印刷株式会社

ISBN978-4-10-335292-1　C0052